사물들과 함께 하는 51가지 철학 체험

Dernières nouvelles des choses

# 사물들과 함께 하는
# 51가지 철학 체험

로제 폴 드루아 지음 | 이나무 옮김

가장 먼저
나의 '새'에게

일러두기

이 책의 주장을 전혀 진지하게 받아들이지 마라? 이건 좀 지나친 요구다.
그럼, 모든 주장을 진지하게 받아들여라? 이것 또한 지나친 요구다.
일단 주장이 옳다고 간주하고, 거기서 여러분 각자가 어떤 결론을
끌어냈으면 좋겠다.
그 결론은 여러분이 어떤 사람이냐에 따라 다를 것이다.

미크로메가스는 모든 것을 상세하게 기술한 매우 쓸모 있는 철학책 한 권을
그들에게 주기로 약속했다. 그리고 그 책을 보면 사물에 관해
자세히 알게 되리라고 자신 있게 말했다.

볼테르, 『미크로메가스』, 7장.

| 차례 |

서문 ····· 9

1. 사발 ｜ 2. 클립 ｜ 3. 리모컨 ｜ 4. 열쇠 ｜ 5. 선글라스
6. 자명종 ｜ 7. 소금통 ｜ 8. 서랍 ｜ 9. 스카프 ｜ 10. 가로등
11. 공책 ｜ 12. 보일러

질문 1 ····· 71

13. 침대 ｜ 14. 문 ｜ 15. 샌들 ｜ 16. 포크 ｜ 17. 기차표 ｜ 18. 다기
19. 컴퓨터 ｜ 20. 스펀지 ｜ 21. 냉동고 ｜ 22. 휴대전화

질문 2 ····· 118

23. 고무장화 ｜ 24. 세탁기 ｜ 25. 묘석 ｜ 26. 나사송곳 ｜ 27. 병따개

28. 자동 응답기 ｜ 29. 쇼핑 카트 ｜ 30. 쓰레기통 ｜ 31. 복사기

32. 외바퀴 손수레 ｜ 33. 낫 ｜ 34. 조각상


질문 3 ····· 171


35. 플루트 ｜ 36. 목걸이 ｜ 37. 우산 ｜ 38. 자동차 ｜ 39. 여행가방

40. 텔레비전 수상기 ｜ 41. 연마기 ｜ 42. 진공청소기 ｜ 43. 자전거

44. 전선 ｜ 45. 기포 수준기 ｜ 46. 탁자 ｜ 47. 프라이팬 ｜ 48. 면도기

49. 책 ｜ 50. 디스크 ｜ 51. 파리채


그렇다면 여러분은? ····· 237

모두들 어떻게 지냅니까?

그가 내게 다가와 악수를 청하며 말한다.

"그래, 모두들 어떻게 지냅니까?"[1] 나는 기계적으로 대답한다. "네, 다들 잘 있습니다…. 그쪽은 어떠신가요?" 그는 애매한 몸짓을 한다. 그리고 저쪽에서 사람들이 아는 척하자, 그리로 발걸음을 옮긴다.

나는 그와 그저 안면이 있는 정도다. 오늘 저녁처럼 친구 집에서 모임이 있을 때 가끔 마주친 적이 있을 뿐이다. 나는 그가 누군지 잘 모른다.

"모두들 어떻게 지냅니까?"라고 내게 물으면서 그는 무슨 말을 하고 싶었던 걸까? 잠시 생각해보니 말이 좀 이상하다. 내 안부를 물은 것 같은데, 그는 "어떻게 지내십니까?"라고 묻지 않았다. "잘 지내셨습니까?", "가족들도 두루 평안하신가요?", "요즘 어떤 일을 하고 계신가요?", "일은 잘 되어갑니까?"라고 묻지 않았다. 분명히 그는 "모두들 어떻게 지냅니까?"라고 물었다. 나는 분명히 그렇게 들었다.

'모두'라면 내 주위에 있는 모든 사물을 말한 걸까? 그렇다면 어떤

---

1) 프랑스어 원문 'Comment vont les choses?'를 문자 그대로 직역하면 '사물들은 어떻게 지냅니까?'라는 뜻으로 '어떻게 지내십니까?', '그간 잘 지내셨습니까?'라고 의역할 수 있는 흔한 인사말이다. 옮긴이.

사물을 말한 걸까? 어떤 사물이 어떠냐고 물은 걸까? 모든 사물을 말한 걸까? 그냥 일반적인 사물을 말한 걸까? 특정한 사물만을 말한 걸까? 내가 가진 사물만을 말한 걸까? 어떤 사물을 말하고 싶었던 걸까? 무슨 뜻일까? 에이… 그만 두자. 그저 인사말 한마디 건넸을 뿐인데. 그 말에 쓸데없이 매달릴 필요 없다. 화제를 바꾸자….

아니, 그럴 수 없다. "모두들 어떻게 지냅니까?"라는 말이 자꾸 떠오른다. 나는 와인 잔을 들고 다시 사람들과 이야기를 나눈다. 오랫동안 보지 못한 여자 친구도 곧 만나게 될 것이다. 그 인사말을 머릿속에서 지워버리려고 애쓴다. 하지만 소용없다. 뇌리에 달라붙어 계속 맴돈다. 떨쳐버리려고 애쓰지만 소용없다. 계속 남아서 머릿속으로 파고들 기세다. 애써 저항하며 다른 말을 떠올리려고 해보지만, 그 말은 섬광처럼, 균열처럼 퍼지고 끈질기게 남아 무지갯빛으로 반짝인다.

"모두들 어떻게 지냅니까?" 그렇다. 여기서 '모두'는 모든 사람이 아니라 모든 사물을 말한다. 사물이란 무엇인가? 나는 사물이 어떻게 지내는지 모른다. 게다가 사물에 어떻게 지내고 말고 할 '삶'이라는 것이 있기나 할까? 그것에도 어떤 존재양식이 있을까? 사물의 건강은 어떨까? 그만두자! 사물은 잘 지내지도, 못 지내지도 않는다. 특별히 뭐라고 말할 것 없이 그저 존재할 뿐이다. 말할 것도 없고, 아무 상관도 없으니 그냥 넘어가자. 사물은 제자리에 있을 뿐이다. 아니면 있던 자리에서 사라질 뿐이다. 사물은 건강하지도, 아프지도 않다. 사물에는 번영도 쇠퇴도 없고, 삶도 죽음도 없으며, 명예도 치욕도 없다. 그저 그것, 이것, 저것. 어떤 것, 물건일 뿐이다. '사물이 어떻게 지내느냐는 질문은 비상식적이다.

그렇지만 시간이 흘러도 이 질문은 끈질기게 뇌리에 남는다. 조각조각 나뉘고 점점 더 늘어난다. 불투명한 밑바닥이나 내면의 침묵 같은 낯선 영역을 흘깃 본 듯한 느낌마저 든다. 사물이 어떻게 지내느냐고 여러분이 내게 물으면, 나는 할 말이 없다. 사물이 어떻게 지내는지 나는 모른다. 당연하다. 평소에 그런 일에 우리가 관심을 두기나 하던가? 사물이 어떻게 지내는지 우리가 알려고나 했던가? 그런 일에 신경 쓰지 않는 것은 옳은 일일까? 잘못된 일일까? 이런 질문에 에너지를 낭비해서는 안 되는 걸까? 물론 이것은 비상식적인 일이다. 하지만 이 질문은 내게 악착스럽게 달라붙는다. 이제 다른 사람들의 말이 들리지도 않고, 나는 말을 할 수도 없는 지경이다. 이 바보 같은 질문이 쉬지 않고 머릿속을 맴돈다. 다른 생각을 할 수가 없다. 동네 길거리나 근처 공터에서 좀 걸어야겠다.

날씨는 꽤 온화한 편이고, 길에는 인적도 없고, 벌써 밤도 깊어졌다. 강을 따라 걷는 동안 무수한 질문이 꼬리에 꼬리를 문다. 질문은 땅바닥에서, 나무에서, 강물에서, 돌에서, 사방에서 불쑥불쑥 솟아난다. 하늘에서 질문이 떨어진다. 대기 중에서 조금 전까지만 해도 의심하지 않았던 질문이 솟아난다. 대기는 사물인가? 사물은 꼭 단단해야 하나? 절대 변하지 않을까? 얼마나 오랫동안 그대로 존재해야 공식적으로 사물이라고 부를 수 있을까? 물 한 방울은? 비누 거품은? 파리똥은? 우리가 순간순간 무한하게 다양한 모습과 서로 어울리지 않는 겉모습을 보면서 그 안에서 살아가는, 거대하고 무한하고 절대적이고 유일한 사물이 존재하는 걸까? 아니면 서로 다르고, 비교할 수 없고, 항상 새롭고, 언제나 구분할 수 있는 형태와 물질이 다양하고 무한하게 존재하는 걸까?

길을 걸을수록 이런 수많은 수수께끼 같은 질문에 사로잡힌다. 뭐라고 이름 지어 부를 수 없는 사실들, 야생의 대상들, 언어가 더는 통제하지 못하고, 마치 말라서 조각조각 부스러지는 낡은 가죽 넝마처럼 언어가 총괄하지 못하고 일부분만을 포함하고 있는 물질들이 무더기로 모습을 드러낸다. 사물을 어떤 이름으로 부른다는 것이 갑자기 불투명하게 느껴진다. 포착할 수 없고, 너무 현란하다. 현존과 동요의 불협화음을 내고 있는 전체 사물의 거대한 신비가 뭐라고 말할 수 없이 갑자기 모습을 드러낸다. 아무 소리도 들리지 않는다. 내가 듣지 못하는 걸까? 내가 정신줄을 놓아버린 걸까? 저들의 소리를 들을 방법이 전혀 없다는 것인가? 사물들이 알아들을 수 없는 말을 쏟아내고, 파악할 수 없는 태도를 보이는 이 세상에서 나는 갑자기 바보가 되고 귀머거리가 된 듯하다.

모든 것을 알아볼 수는 있지만, 평소와는 다른 거리와 시각에서 바라볼 때에만 식별이 가능하다. 이름은 그대로다. 이것은 내 셔츠, 이것은 내 손목시계, 저것은 나룻배, 저 위에 있는 것은 달. 하지만 거기서 아무런 의미도 찾을 수 없다. 내 셔츠는 내 손목시계와 똑같이 하나의 사물인가? 그리고 저 하늘의 달도 마찬가지인가? 그럼, 저 나룻배는? 다시 말해 하나의 단어 이면에는 무수히 많은 각각의 우주가 존재한다는 것인가? 이 끝없는 '증식'을 감추기 위해 우리는 통틀어 '사물'이라는 말을 사용하는 걸까? 모든 것이 겉에 '사물'이라고 써 붙인 하나의 가방, 세상을 온통 쑤셔 넣을 수 있는 하나의 거대한 가방 속에 들어간다는 걸까? 예를 들어 은하계, 클립, 비누, 철도 주식, 블랙홀, 적색거성, 양말, 문고리, 제트기, 복사기와 쟁기가 모두 이 '사물'이라는 가방 안에 들어간다는 걸까?

이처럼 '사물'이라는 범주에 속하는 것들의 목록은 한없이 늘어날 수 있을 것이다. 가장 후미진 구석에도 원래 거기 있던 사물들과 다른 곳에서 온 사물들이 바글바글하게 함께 자리를 차지하고 있다. 내 작업실만 해도 그렇다. 비록 이집트에서 가져온 조각상이나 세계 곳곳에서 가져온 진귀한 기념품은 없지만, 불과 몇 걸음 사이에 부처가 처음 설법을 펼친 곳으로 알려진 바라나시 근처 사르나트에서 주워온 조약돌, 스웨덴에서 건너온 전등, 일본에서 조립한 컴퓨터, 태국 농부가 손으로 깎아 만들었고 이제는 금이 가서 더 마음에 드는 목재 불상, 파리의 포석, 68년 5월 혁명의 흔적인 횡단보도의 징, 1920년대에 제작한 놋쇠 수도꼭지, 불가리아산 작은 석상이 함께 놓여 있다. 눈에 보이는 대로, 기억나는 대로 나열해봐도 이 정도다. 서로 다른 여러 곳에서 온 사물들은 서로 다른 자기 방식대로 거기서 살아가는 사람들의 생활양식과 그 세상의 어떤 모습을 말해주고 있다. 그것은 각기 서로 다른 세상이다.

　동네 입구에 있는 벤치에 앉아 머릿속에서 떼 지어 요동치는, 무수히 많은 다양한 사물을 정리해본다. 딱딱한 사물과 부드러운 사물, 액체로 된 사물과 고체로 된 사물, 피부에 지속적으로(의복, 내의) 또는 일시적으로(비누, 수건) 와 닿는 사물, 몸과 가까운 사물과 몸에서 먼 사물, 직접 만지는 사물과 바라만 보는 사물, 움직이는 사물과 움직일 수 없는 사물…. 크기·무게·색깔·산지·재질에 따라 사물을 분류해본다. 단일하게 구성된 사물과 복합적으로 구성된 사물, 자연적인 사물과 인공적인 사물, 손으로 만든 사물과 기계로 만든 사물, 오래가는 사물과 한시적인 사물, 밝은 사물과 어두운 사물, 단추가 있는 사물과 없는 사물, 세상에 하나밖에 없는 사물과 똑같이 생기고 무수히 많은 사물….

그러나 어떤 분류도 유효하지 않다. 어떤 생각이 머릿속에 떠오르자마자 곧 희미해지고, 순식간에 모든 것이 혼란에 빠지고 무너져버린다. 사물에는 '계열'이라는 것이 없을까? 사물은 소리도 질서도 없이, 그저 나란히, 우연히 거기 놓여 있을 뿐인가? 사방에 점점 더 많은 사물이 보인다. 끝없이 늘어서고, 한없이 늘어난다. 내가 수천 번을 거듭 태어나 살면서 만지고, 보고, 이해할 것들보다도 더 많다.

세상에 얼마나 많은 사물이 존재하는지 알 수 있을까? 은하수는 사물인가? 별은? 분자는? 쿼크는? 엄청난 숫자로 밀려드는 사물의 거대한 파도에 휩쓸리지 않으려면 우선 무한한 우주나 입자, 원자, 원소 같은 소우주를 제외해야 한다. 범위를 정하고 단순화해야 한다. 그렇게 인간이 만든 물건만을 '사물'이라고 부르기로 하자. 돌, 이끼, 조개껍데기 같은 자연물도 제외하자. 인간이 노력을 기울여 만들어낸 생산물만을 '사물'이라고 부르자.

그러면 그 숫자가 얼마나 될까? 지구에는 이런 사물이 얼마나 있을까? 물론 대략적으로 말할 수밖에 없다. 모든 사물의 숫자를 파악한답시고 대대적으로 조사에 착수할 수는 없는 노릇이니까. 하지만 이런 발상 자체는 훌륭한 것일 수도 있다. 몇 년 후에는 알래스카에 있는 음료용 빨대와 모리타니에 있는 신발과 파타고니아에 있는 컴퓨터의 정확한 숫자, 남반구 주민 한 사람이 평균적으로 사용하는 종이의 매수를 알아낼 수 있을 테니까. 게다가 밤을 새워 통계를 낼 때마다 사람들 앞에서 잘난 척하는 데 꼭 필요한 지식을 얻게 될 테니까. 그러나 실제로 이런 작업에 착수할 수는 없다. 지금 내가 할 수 있는 것은 어림짐작이 전부다. 자, 세상에 얼마나 많은 사물이 존재하는지, 시험 삼아 한번 추산해보자.

　지구에 60억의 인구가 살고 있다고 가정하고, 그중 최소한 절반은 어느 정도 재산이 있는 사람들일 테니, 클립, 문고리, 끈처럼 하찮은 것들을 포함해서 평균 1천 개의 사물을 소유하고 있다고 가정하자. 그리고 나머지 가난한 사람들은 평균 1백 개의 사물을 소유하고 있다고 가정하자. 그러면 평균적으로 한 사람이 소유한 사물은 550개가 된다. 그런대로 합리적인 것처럼 보이는 이 추론에 따라 550개의 사물에 인구 수 60억을 곱하면 지구상에는 어림잡아 3조 3천억 개의 사물이 있다. 그렇다면, 도대체 누가 이 3조 3천억 개의 사물이 어떻게 지내는지를 안다고 주장할 수 있겠는가?

　철학자들은 오로지 사물의 본질과 개념에만 주목해야 한다는 구실로 구체적인 사물의 수 따위는 전혀 중요하지 않고 또 아무 관심도 없다고 하겠는가? 사물에 대한 사유, 성찰, 분석, 형이상학만이 중요하다면서, 사물이 하나든 수십 개든 수천억 개든 전혀 상관없다고 하겠는가? 극단적인 사람들, 뼛속까지 철학자를 자처하는 사람들은 그렇게 주장한다. 강경한 철학자들 말이다.

이것은 무언가 완전히 잘못된 주장이 아닐까? 이들은 실생활의 경험에서는 아무것도 배울 수 없다고 믿게 하려는 걸까? 경험의 양도 상관없고, 경험의 다양성도 중요하지 않다는 걸까? 다양성, 종류, 계통, 분화, 변형, 변화는 아무 가치도 없다고 할 것인가?

사물은 오로지 그 사물 고유의 절대적인 유일성을 통해서만 존재할 수 있다. 다른 형태가 아니라 바로 그 형태로, 다른 색깔이 아닌 바로 그 색깔로, 다른 질감이 아닌 바로 그 질감으로, 바로 그만큼 마모된 상태로 물질적으로 존재하는 각각의 사물은 유일하다.

하나씩 살펴봐야 할까? 경찰이 길에서 한 사람 한 사람 붙들고 검문하듯이 사물도 하나하나 개별적으로 인식해야 할까? 이제는 단순히 '램프'나 '신발'이라고 부르지 말고, 각각의 사물이 서로 다른 존재라는 사실을 말해주는 고유한 이름으로 불러야 할까? 개별성보다는 공통성을 중시해야 하는 일은 이제 생각도 말도 할 수 없게 된다는 위험을 무릅쓰고서라도 그렇게 해야 할까? 아니면 사물의 무한한 다양성을 이해하려고 할 때 이 덧창, 이 조약돌, 이 벤치의 오리목을 들여다보면서 그저 말없이 명상에 잠겨야 할까?

절대로 사물에 온전히 도달하지 못하리라는 것을 알면서 그 사물에 대해 말하는 것과 실어증에 걸린 사람처럼 아무 말도 하지 못하고 사물을 관조하는 것 사이에서 어떤 선택도 할 수 없다는 걸까? 나는 한편으로 사유를 통해 어떤 사물의 개념을 포착할 수 있지만, 어쩔 수 없이 그 사물의 실질적인 현존성, 개별성에 국한되어 늘 실패하고, 다른 한편으로 사물을 고유한 실재와 완전한 현존 속에서 포착할 수 있지만, 필연적으로 총체성을 놓쳐버린다. 한 극단에서는 모든 실재를 포괄한다고 여겨지는 개괄적인 개념만을 이해할 수 있을 뿐이고, 다른 한 극단에서는 각각의 실재를 하나씩 하나씩 파악하지만, 그렇게 해서는 절대로 전체를 조망하고 이해하지 못한다는 문제가 있다. 나는 강물에 비친 달그림자를, 그리고 몇 장의 종이를 무기력하게 응시한다.

이런 두 극단의 어느 한쪽에 갇히지 말고 빠져나와야 한다. 그 경계에서 중심을 가로질러 나와야 한다. 더는 철학자들이 놓은 덫에 걸리지 말아야 한다. 어느 한쪽에 온전히 빠져들어서는 안 된다. 한쪽을 피하다가 다른 쪽에 빠져서도 안 된다. 되도록 거리를 두고 똑바로 나아가야 한다. 사물들을 관찰하고, 응시하고, 끈질기게 살펴봐야 한다. 거리를 두고 사물들을 바라보고 비교하려면, 어느 한쪽에서 헤어나려고 노력하는 것만큼이나 다른 쪽을 거부하지도 말아야 한다. 이 둘 사이에서 자석처럼 자기를 띠고 버텨야 한다. 거의 불가능한 작업인 만큼, 어쨌든 거기서 즐겁게 앞으로 나아가야 한다. 그렇다. 이것이 적절한 방법이다.

처음에는 사물을 정리된 담론이라고 생각하자. 또는 사라진 옛 언어 습관이라고 생각하자. 또는 지워진 일련의 단어들이 남겨놓은 단단한 잔류물이라고 생각하자. 정확히는 모르겠지만 이 문제에 관해서는 이 방향으로 가는 것이 옳다. 나는 그렇게 시시각각 움직일 때마다 마주치는 사물들에 숨겨진 사유를 포착하는 나 자신을 상상해본다.

밤이 끝나가는 이 시각, 나는 이 체험을 해보기로 결정한다. 사물들에 다가가서 그것을 탐색해봐야겠다. 그러려면 사물들이 있는 미지의 땅으로 가서 탐험가가 되어야 한다. 어디서부터 어떻게 시작해야 할지는 아직 모르겠다. 어쨌든 내가 관찰한 것을 꾸준히 기록해서 한 편의 여행기를 만들어볼 생각이다. 그렇게 이 경험을 충분히 오랫동안, 일 년을 계속해보려고 한다. 이 여행기의 마지막 장을 쓸 무렵에는 어쩌면 "모두들 어떻게 지냅니까?"라는 인사말이 뜻하는 바를 알 수 있을지도 모른다.

놀람

신은 사물을 우리가 바라는 대로 만들지 않는다.
_ 코르네유, 『폼페이우스』, V,2.

# 1. 사발

몇 시쯤 되었을까. 끝날 것 같지 않던 낮 시간이 이미 오래전에 지나, 밤이 내렸다. 너무 많은 말이 오갔다. 우리는 왜 그렇게 수다스러울까. 날씨가 선선해지기 시작한다. 가을밤의 예감. 시골 밤은 칠흑처럼 어두울 테니 보이지도 않는 길을 걸어가야 한다. 입을 델 정도로 뜨끈한 그라탱 양파 수프 한 그릇이 간절하게 생각난다. 오래도록 남아 있는 것을 찾는 본능적인 반응이다. 여행객에게는 호기심의 대상이며, 여전히 전해지는 투박한 시골 음식. 다행히도 나는 어디서 그것을 먹을 수 있는지 안다.

수프가 모락모락 김을 내며 여전히 끓고 있는 사발이 내 앞에 놓인다. 수프는 구수한 냄새를 풍기며 표면은 짙은 갈색과 옅은 노란색 얇은 막으로 덮여 있다. 그러나 내가 주목하는 사물은 수프가 아니다. 김도, 수증기도, 화덕의 불도 아니다. 사발이다. 까마득한 옛날에 사용하던 것과 똑같이 사발은 안이 움푹 파여 있다. 어린 시절, 그보다 훨씬 전, 선사시대에도 이 오목한 사물은 안에 담긴 액체가 빠져나가지 않게 해줬다. 그래서인지 사발은 형태만 봐도 마음이 놓이고, 친숙하고, 믿음직스럽다.

사발 때문에 내가 왜 여기에 와 있는지조차 거의 잊고 있다. 사발은 원초적인 사물이다. 이것은 인류 출현의 증거이기도 하다. 인간과 가장 가까운 동물인 대형 유인원에게는 몽둥이나 돌과 같은 무기나 도구 비슷한 것이 있었을 뿐, 사발은 없었다. 종지, 표주박, 공기, 사발은 인류가 없었다면 태어나지 않았을 것이다.

사발은 최초로 무언가를 담는 그릇 구실을 해서 그럴까, 어떤 근원적인 편안함을 느끼게 해준다. 그릇은 내용물이 끝없이 빠져나가려는 흐름을 차단하고, 흩어지지 않게 보존해준다. 그릇은 유출을 막고, 쏟아지지 않게 지탱해준다. 필연적으로 유실될 수밖에 없는 액체를 붙잡아둔다. 손보다 낫다. 이런 역할을 항시적으로 수행하고 별도의 노력을 기울이게 하지도 않는다.

사발은 자연적으로 엔트로피를 조절한다. 끝없이 생성되고 지속하는 것들의 흐름을 일정하게 단절하는 역할을 한다. 헤라클레이토스가 말했듯이 '만물이 유전하는' 보편적인 이행에 개입해서 흐름이 중단되거나 역행할 수 있게 조절하고, 제어한다. 바로 이것이 '그릇'이라는 사물의 핵심이다. 비록 사발이 움푹 팬 바위나 홈, 자연적으로 생긴 작은 구멍을 모방했다고 해도, 그릇의 역할은 단지 모방에 그치지 않는다. 사발은 정적이지 않다. 사발은 엎어지고, 비워진다. 사발을 손으로 잡아 입으로 가져간다. 사발의 내용물이 부글부글 끓기도 한다. 구태여 이런 것들을 떠올리며 사발이 환기하는 동물적이면서도 온기 어린 확신을 찾을 필요는 없다. 왜냐하면 물질적으로, 즉각적으로 인지할 수 있기 때문이다. 거의 모든 시대, 모든 지역에서 사발의 크기는 손만 하고 부피는 위장만 하다. '바르도 퇴돌'[2], 그러니까 티베트의 『사자의 서』에서는 기도문 한 편이나 '식사 의식' 한 번을 시간적 기준으로 제시하는데, 이것은 한 사발의 음식이 위를 채우는 데 걸리는 시간과 관련이 있다.

자유로이 쓸 수 있고, 손과 입에 적합하고, 열린 동굴처럼 따뜻한 저장 공간인 사발은 분명히 사물 중에서도 가장 모성적이고 믿음직한 사물이다. 불가 승려들이 모든 것을 버려도 보시 사발만은 버리지 않는 데에는 다 그럴 만한 이유가 있다. 그들에게는 사발이 일종의 집 구실을 한다. 게다가 인류의 시원적인 힘인 모성에는 위협적인 구석이 있지만, 사발은 전혀 그렇지 않다. 겉보기에 사발은 모든 갈등, 모든 분열이 태어나기 이전의 오목한 가슴, 순수하고 달콤한 가슴이다. 그렇기에 사발에는 변함없는 무언가가 있다. 내력을 따져본다면 사발의 겉모습을 다양한 물질로 다르게 바꿀 수도 있다. 나무 사발이나 뚝배기, 유약 처리한 사암 사발이나 플라스틱 사발, 딸의 이름을 새긴 반투명 도기 사발, 등산용 알루미늄 사발, 농가의 도기 사발 등 모든 사발이 수용

---

2) 8세기 티베트 불교의 대가인 파드마 삼바바가 쓴 108개 경전 중 하나. 티베트어 '바르도 퇴돌'에서 바르도는 사람이 죽어서 다시 환생할 때까지 걸리는 시간인 '49일간'을 말하며 퇴돌은 '듣는 것을 통한 영원한 해탈'을 뜻한다.

적이고 친숙하다는 점에서 서로 닮았다.

　사발은 쓰임새가 정해져 있는 만큼 강력한 사물이다. 그래서 정해진 하루를 대표하는 사물, 시작과 끝을 상징하는 사물이다. 아이가 쓰는 사발, 노인이 쓰는 사발, 아침에 시리얼, 우유, 커피, 오트밀을 담는 사발과 저녁에 수프, 국물을 담는 사발은 활기가 차기 시작하는 시간과 활기가 쇠하고 나른해지는 시간을 함께한다. 사는 데 열중하는 동안 우리는 사발을 제자리에 넣어두고 잊어버린다.

　오늘 밤 나는 말을 담은 사발 같은 책을 꿈꾸며 잠들 것이다.

# 2. 클립

오후가 끝날 무렵,
기차에서

가방 속에서 만년필을 찾다가, 가죽 이음새 틈에서 '그것'이 손에 잡혔다. 서류에서 빠졌던 것이 틀림없다. 아니면 종잇조각, 고무줄, 먼지가 끼어 있는 그 틈에 아마도 오래전부터 박혀 있었을 것이다. 가늘고, 깨끗하고, 단단하고, 미끈한 철제 클립.

'클립'이라는 사물은 호감을 불러일으킨다. 적어도 내 생각에는 그렇지만, 여러분 생각은 다를 수 있다. 일반적으로 클립이 호감을 불러일으키는 사물은 아니다. 다시 말하지만 내 관점일 뿐이다. 하지만 내 관점 말고 달리 어떤 관점이 있겠는가? 거미로 존재한다는 것이 어떤 것인지를 우리가 어떻게 알겠는가? 기린으로 존재한다는 것은? 옷걸이로 존재한다는 것은? 여러분 이웃으로 존재한다는 것은? 어쩌면 여러분은 안다고 생각할지도 모른다. 하지만 여러분은 모른다. 전혀 모른다. 나도 마찬가지다. 그래서 사람들이 시시콜콜하게 클립에 대해 말하지 않아도 나는 클립에 호감을 느낄 수 있다.

클립의 어떤 점에서 호감이 생기는 걸까? 종이를 묶어 보관할 수 있

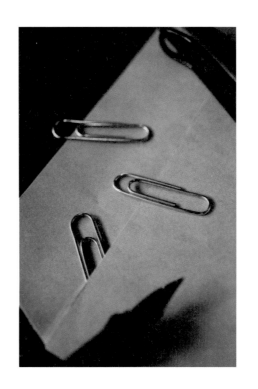

다는 기능? 깔끔하고 매끄럽고 가벼운 소재? 혀끝에 올려놓고 장난칠 수 있는 생김새? 펴보고 싶은 욕구가 생기는 곡선? 더 좋은 것도, 더 비싼 것도 없는 작고 사소한 사무용품이라는 사실? 나는 '이목을 끌지 않는 사물'의 계열에 클립도 포함시키고 싶다. 핀과 사촌지간이지만, 훨씬 더 착하다. 손가락을 찔릴 염려도 없고, 종이에 구멍을 뚫지도 않는다. 아무것도 상하게 하지 않는다. 스테이플러처럼 폭력적이지도 않고, 집게나 링처럼 강압적이지도 않다.

클립은 별로 중요하지도 않고, 쉽사리 잊히는 사물에 속한다. 그런 이유로 나는 클립을 아주 좋아한다. 클립은 주제넘게 아무 때나 나서는 성가신 물건도 아니고, 시선을 끄는 짓 따위도 하지 않는다. 게다가 클립이 자기 인생에 꼭 필요하다고 말하는 사람도 없을 것이다. 그럼에도 클립은 여러모로 도움이 되고, 우리의 요구에 따라 능력이 허락하는 범위에서 고집스럽게 자신의 임무를 수행한다. 눈부시지는 않아도 제대로 자기 역할을 한다. 또한 항상 겸손하게 사실을 밝혀주는 역할도 한다.

모든 시대, 모든 사회가 클립을 생산하지는 않았다. 클립이 존재하려면 형태가 완벽하게 동일하고, 잘 휘면서도 단단한 철사를 가공하는 공작 기계가 필요하다. 그리고 서류, 종이 뭉치, 사무실, 회의, 직원, 사무용품, 소모품 등이 구성하는 세계가 존재해야 한다. 클립이 처음 만들어진 시기는 20세기 초로 거슬러 올라간다. 물론 클립의 생명력은 영원하지 않을 것이다. 어쩌면 그리 멀지 않은 시점에 사라질지도 모른다.

세상에서 클립이 사라진다면 우리는 에로스가 보여주는 모습 하나를 영영 잃어버리게 될 것이다. 여러 장의 종이를 한데 모아 집어놓는 이 작은 금속 조각은 그 나름대로 프로이트가 '에로스'라고 부른 것을 환기한다. 에로스는 '성욕'이 아니며 '쾌락'은 더더욱 아니다. 이것은 무력화하는 힘이라기보다는 응집하는 힘이라고 말하는 편이 옳다. 흩어지지 않게 막는 힘. 엔트로피에 저항하는 삶. 보잘것없는 철제 클립은 자기 방식대로 이 모든 일을 해낸다. 겉모습이 매우 다르기는 하지만 클립은 사발과 마찬가지로 대상을 붙잡아 놓는다.

서류는 오랜 세월 습기 많은 시골집에 그대로 남아 있었다. 시간이 지나면서 클립에는 녹이 슬었다. 클립을 빼자, 종이에 움푹 팬 갈색 자국이 드러났고, 손가락에 까칠까칠한 녹 가루가 묻어났다. 하지만 클립은 악력을 잃지 않았다. 그 오랜 세월이 흐르고 녹까지 슬었건만, 클립은 원래 모습 그대로 자기 역할을 하고 있었다.

생색내지도 않고, 거역하는 법도 없이(반항하는 클립을 상상할 수 있겠는가?) 음지에서, 모략을 꾸미거나 명예를 탐하지도 않고, 무명으로, 쓸모 있게, 영웅적이지도 않고 경솔하지도 않게, 충직하고 진지하게 자신의 소명을 다하는 클립은 우리가 지켜야 할 윤리의 일면을 보여준다.

# 3. 리모컨

갑자기 철 이른 더위가 찾아왔다. 날씨도 이렇게 심술을 부린다. 너무 더워 꼼짝도 못 하겠다. 아무 생각도 할 수 없다. 텔레비전이나 볼까…. 리모컨은 소파 위에 놓여 있다. 이것은 참으로 이상한 사물이다. 이전 세대는 이런 사물을 상상조차 못 했을 것이다. 하지만 리모컨은 누구에게나 편리한 물건은 아니다. 수많은 버튼으로 뒤덮인 이 작은 플라스틱 막대는 사용자가 기억할 수 있는 것보다 훨씬 더 많은 기능을 원격으로 작동시킨다.

그렇다고 거기에 무슨 대단한 신비가 숨어 있는 것은 아니다. 이 사물은 건전지, 인쇄 회로 기판, 다이오드, 전선, 케이블 등 하나하나 그 기능을 설명할 수 있고, 기술적으로 다 이유가 있어서 공장에서 대량 생산한 잡다한 부품들로 구성되어 있다. 누군가가 이 사물을 고안하고, 여러 사람이 논의를 거쳐 시험하고 생산했을 것이다. 그리고 유통하고, 판매하고, 전자 대리점에서 제품 보증서를 발급했을 것이다. 사용설명서에는 조작법, 각각 버튼의 기능, 때로 표면에 장착된 장치들

의 기능이 깨알같이 적혀 있다.

그럼에도 리모컨은 여전히 마법적 사물, 심리적 사물, 주술적 사물이다. 버튼만 누르면 전원이 들어오거나 나가고, 채널과 음반과 방송이 바뀌고, 소리가 커지거나 작아지거나 사라지고, 장면과 밝기와 색상이 달라진다. 저 앞에 있는 기계에 달린 버튼을 직접 누르려고 일어나거나 다른 어떤 동작을 하지 않아도 된다. 오로지 의지로만 작동하듯이 행동이 원격으로, 완벽하게 효율적으로 실현된다. 꿈이나 주술, 저주, 마술의 세계에서나 일어날 법한 일이다. 거기에는 유령의 존재를 느꼈을 때 번쩍 정신이 드는 그 긴박성, 조용한 욕망이 내포한 그 끔찍한 정확성 같은 것이 있다.

그리고 실패할 확률이 있다! 리모컨은 완벽하게 작동하지는 않는다. 때로 버튼을 눌러도 먹통일 때가 있다. 그럴 때 똑같은 버튼을 다시 한 번 누르면 작동한다. 그제야 리모컨이 말을 듣고 마법이 다시 설득력을 얻는다.

모든 '전자적' 사물과 '후기 전자적' 사물 중에서 리모컨은 가장 원초적인 사물이다. 이것은 우리가 무언가를 하겠다는 의도만으로 모든 것이 이루어지던 시절의 산물이다. 다시 말해 우리가 무언가를 원할 때 그것을 욕망하는 것만으로 충분하다고 믿었던 그 원초적 시간에서 하나도 진화하지 않은 사물이다. 그 시절에는 무언가를 생각하기만 하면 그것은 곧바로 현실이 되었다. 악인들은 반드시 처단되었고, 진실은 반드시 드러났으며, 불쾌감은 반드시 해소되었고, 기쁨은 반드시 찾아왔다. 즉시, 우여곡절 없이, 특별한 노력 없이, 복잡한 계산 없이, 제한 없이, 지체하고 기다릴 필요 없이. 두려워할 필요도 없었고, 포기할 이유는 더더욱 없었다.

그러나 우리는 생각의 이런 전지전능한 힘을 포기하는 법을 배워야 했다. 그 과정은 길고 때로 고통스러웠다. 필연적으로 어렵고, 시행착오를 겪고, 불완전할 수밖에 없었다. 그러나 우리는 어른이 되면서 그런 생각을 모두 장사지냈다. 그리고 그것은 사람들이 흔히 말하듯이 현실과 실질적인 관계를 맺는 전제 조건이었다.

사물은 우리의 사유에 저항한다. 이것은 우리가 인정할 수 있는, 사물에 대한 최소한의 정의일 것이다. 우리가 원하는 대로 직접 어떻게 해볼 수 없는 현실적인 대상을, 우리는 '사물'이라고 부른다. "내 사유는 사물에 어떤 필연성도 강요하지 않는다."고 말한 칸트는 이미 이런 사실을 알고 있었다.

현실을 바꾸고자 하는 사람에게 현실은 제한과 한계가 부과된 모색과 노동과 행동을 요구한다. 그러나 리모컨은 이 모든 것을 단숨에 무너뜨린다. 리모컨은 우리를 '원하면 곧 이루어지는' 상상의 세계로 초대한다. 그리고 우리가 스스로 이 세계의 주인이라고 믿고 있는 것이 얼마나 당연한 일인가를 새삼 확인하게 해준다. 리모컨은 실제 경험을 통해 우리가 손가락 하나만 까딱하면 원격으로 욕망을 실현할 수 있는 존재라는 사실을 입증해준다. 물론 어떤 것을 얻고자 할 때 그것에 직결된 어떤 버튼을 누르는 최소한의 수고는 해야겠지만, 그런 노력은 그 동작을 통해 얻는 결과와 비교하면 지극히 미미하다. 그 정도는 '행동'이라고 부를 수도 없다. 버튼을 눌러 '승인'하는 아주 경미한 동작으로 손가락은 사유를 직접적으로 연장한다.

  리모컨은 기도가 이루어주지 않는 것을 모두 이루어준다. 그저 리모컨을 손에 쥐는 것만으로 모든 것이 실현된다. 원한다면 실내 온도를 낮추거나 올릴 수 있고, 밤이 내리게 하고, 아침이 오게 하고, 누군가의 옷을 벗기거나 입히고, 집에 있는 모든 장을 식품과 옷과 속옷과 음악과 비누와 향수로 가득 채울 수 있다. 그러니 버튼을 눌러보시라. 지구의 평화를 위해, 가난의 종말을 위해, 온 세상의 번영을 위해, 상호 존중을 위해, 지속 가능한 발전을 위해, 인간의 존엄성을 위해. 그리고 영생을 위해.

# 4. 열쇠

아침,
집에서

며칠 전부터 사물과의 사이에서 아무 일도 일어나지 않았다. 사물은 저기 단절된 상태로 밋밋하게 놓여 있다. 대화를 거부한다. 아무것도 끌어낼 수가 없다. 뚫어지게 바라보지만 헛일이다. 아무것도 없다. 완벽한 무관심이다.

욕실을 바라본다. 이것도 완전히 실패다. 수건에서도 칫솔에서도 끌어낼 수 있는 것이 전혀 없다. 욕실 쓰레기통은 플랑드르산 밀알이나 영국산 솜을 담은 욕실 용품에 전혀 관심이 없는 듯 무덤덤하다. 사물을 탐험하겠다는 내 계획은 실현 불가능해졌다. 모든 것이 어리석어 보이고 길을 잘못 들어섰나 싶다. 차라리 이 허튼 시도를 포기하고 끝내는 편이 나을 성싶다.

외출하려는데 열쇠가 보이지 않는다. 책상 위에도 침실에도 점퍼 주머니에도 없다. 부엌에 두지는 않았겠지? 이러다가는 외출이 늦어질 판이다. 어떻게든 빨리 찾아야 한다. 여벌로 만들어두었던 열쇠 꾸러미는 손이 닿지 않는 곳에 있다. 흔히들 그러듯이 나는 열쇠들을 모

두 한 벌씩 복사해서 책상 서랍에 넣어두었다. 그런데 책상 서랍 열쇠가 너무 닳았기에 어제 새로 한 벌을 복사해서 그것으로 책상 서랍을 잠그고 나서 열쇠 꾸러미에 끼워두었는데, 바로 그 열쇠 꾸러미를 찾을 수 없는 것이다. 어떤 상황인지, 여러분도 짐작하실 것이다.

이곳저곳을 한참 뒤지다가 결국, 벽난로 선반에 놓여 있는 열쇠를 발견했다. 안도하면서 내친 김에 열쇠를 주의 깊게 들여다본다. 그러고 보니 열쇠는 참 재미있는 사물이다! 쇠로 된 몸체에 구멍이 나 있고, 홈이 파였으며, 열쇠 구멍에 들어가는 부분은 마치 꺾은선 그래프처럼, 지평선에 솟아 있는 산맥의 산봉우리들처럼 불규칙한 요철 모양을 하고 있다. 흔들면 찰랑거리고, 못생겼고, 투박하다. 그럼에도 열쇠는 우리가 들어가고, 나가고, 운전하고, 일하고, 여행하는 데 없어서는 안 되는 강력하고 필수적인 사물이다.

열쇠를 손에 들고 다시 찬찬히 뜯어본다. 쭉 뻗은 몸체는 전체적으로 직사각형이다. 물론 금속으로 되어 있다. 말랑말랑하거나 금세 부서지는 열쇠란 있을 수 없다. 독특하게 단단하고, 그만큼 고독해 보인다. 톱니 같은 이빨을 드러내면서도 안으로 응집한 침묵이 느껴진다. 열쇠는 권력의 대표적인 특성을 모두 갖췄다. 속을 알 수 없고, 고독하고, 단절된 자신의 상태에 무감각하다. 열쇠 자신은 감각도 없고, 모든 효율성도 배제되었다. 잃어버린 열쇠, 쓸모없어진 열쇠를 떠올려보라. 죽은 물고기처럼 처량해 보인다. 무용성의 세계에 던져진 쇳덩어리, 부동의 중력 자체다.

열쇠가 살아남으려면 열고 닫게 해줘야 한다. 들어가고 나가게 해줘야 한다. 집, 금고, 장롱, 자동차, 책상 등 어떤 대상이든 상관없다. 재질이 놋쇠든, 강철이든, 알루미늄이든 모든 열쇠에는 개방과 폐쇄를 결정하는 강력하고 집약된 힘이 있다. 열쇠는 문에 대해 힘을 행사한다. 그 문에 맞는 바로 그 열쇠가 없다면 열거나 닫을 수 없다.

자동차, 모터사이클, 스쿠터의 열쇠도 이처럼 정점에 달한 힘을 갖추고 있다. 열쇠는 연동시키고, 작동시키고, 출발하게 한다. 엔진과 주행과 속도의 모든 가능성을 한꺼번에 집약하고 있다. 열쇠가 없는 자동차는 자물쇠 없는 열쇠보다 더 쓸모없다. 이 하찮은 쇳조각 하나가 메커니즘 전체를 무력하고, 무용하고, 무가치한 것으로 만든다.

문득, 이전에 내가 주거나 받았던 열쇠들이 떠오른다. 열쇠는 신뢰의 상징이며 비록 그 용도가 사라져도 여전히 사랑의 징표다. 누군가에게 열쇠를 주거나 받는다는 것, 혹은 빌려주거나 되돌려 받는다는 것은 어쩌면 우리가 사랑을 확인하는 행위가 아닐까?

서로 사랑하는 사람들은 상대방의 열쇠다. 사랑은 정확하게 들어맞고 완벽하게 짝을 이루는 것이 관건이다. 사실 사랑은 상호 보완이니 뭐니 하는 것과는 아무 상관없다. 열쇠가 자물쇠를 완성할 수 없는 것과 마찬가지다. 열쇠는 열고 움직이게 하고, 그에 적합한 힘을 부여한다. 사랑하는 사람들은 상대방을 받아들이고, 그들이 도달할 수 있는 가장 큰 충만함으로 이끈다. 이것이 바로 사랑의 고유한 강인함, 수수께끼 같은 단단함이다.

그러나 사랑이 사라진 순간 문이 닫힌다. 혹은 다시 닫을 수 없게 된다. 그러니 잊지 말자. 우리 사랑은 각각의 열쇠가 차례차례 열거나 닫는 열쇠 꾸러미와 같은 것일 뿐, 총체적인 우리 존재의 문제가 아니다. 게다가 '존재의 총체성'이라는 것은 존재할 수 없다. 단지, 존재의 어떠 어떠한 부분이 있을 뿐이다.

자, 이제 정말 서둘러 나가야겠다.

# 5. 선글라스

아침,
도심 카페테라스에서

폭염이 물러가는 참이다. 사흘 전부터 소나기가 멈출 기색도 없이 연이어 몰아치더니 오늘 아침에는 확연히 더위가 가셨다. 찬란한 햇빛이 불안할 정도로 강렬하게 비치고, 하늘은 구름 한 점 없이 맑다. 비가 모든 것을, 심지어 빛까지 깨끗이 씻었다. 지평선에는 먼지 한 점 없다. 강렬함과 선명함뿐, 안개 한 점 없다. 이토록 시야가 트인 적은 드물다. 어쩌나 드문지 이런 빛이 세상을 비추는 순간, 평소에 우리가 얼마나 혼탁한 대기 속에서 발버둥 치며 사는지를 새삼 깨닫는다.

햇빛이 강렬한 남쪽 지방에 있거나 한여름이 아니라면 나는 거의 선글라스를 쓰지 않는다. 하지만 오늘 아침, 카페테라스에서 커피를 마시면서 신문을 읽으려면 어쩔 수 없이 선글라스를 써야 한다. 유리창에 반사된 내 모습을 보면서 남들이 내 눈을 볼 수 없다는 사실을 내 눈으로 확인한다. 선글라스의 특별한 힘은 눈을 자그마한 렌즈 뒤에 마치 마술처럼 감쪽같이 숨기는 데 있다. 바로 이런 점이 선글라스가 왜 언제나 멋지게 느껴지는지를 설명해줄 수 있으리라. 온 세상에 퍼

져 있을뿐더러 사회 모든 계층, 모든 세대가 사용하는 이 사물은 어떻게든 사용자를 엘리트처럼 보이게 한다. 세상에 이런 사물은 참으로 드물다. 가장 평범한 사물 중에서 가장 고집스럽게 엘리트주의적 성격을 띤 사물이다. 선글라스의 변별적인 특징은 그것의 실용적인 쓰임새와는 별로 상관이 없다. 선글라스는 햇빛을 막아주지만, 그것은 부가적인 기능일 뿐이다.

선글라스에서 무엇보다 중요한 점은 그것이 우리를 순식간에 다른 세상으로 옮겨 놓는다는 사실이다. 초록색 세상으로, 노란색 세상으로, 파란색 세상으로, 분홍빛 세상으로, 갈색 세상으로, 원래의 색과 다른 색으로 물든 세상으로, 원래 세상과는 다른 선명한 세상으로 우리를 보낸다. 그렇다고 해서 선명함이 더 떨어지는 것도, 색이 더 강렬해지는 것도 아니다. 이 제2의 세상은 특별하다. 제1의 세상과 완전히 똑같으면서도 —장소, 사람, 사물을 알아볼 수 있고, 본질적으로 놀랄 만한 것이라고는 아무것도 없다— 동시에전적으로 다른 —창공의 색깔, 빛의 색조, 사물이 부각되는 형태 등 원래의 세상과 닮은 구석은 전혀 없다— 세상이다.

시각에 따라 사물과 사람의 겉모습이 달라진다는 결론을 내리는 데 철학까지 들먹일 필요는 없다. 우리에게 사물은 '보이는 대로'가 아니라 '보는 방식에 따라' 존재한다. 아무도 자신의 시각을 벗어나 무언가를 볼 수 없다. 그럼에도 선글라스는 그런 시각의 변화를 가능하게 한다. 색깔 필터라고 할 수 있는 선글라스는 일종의 '변형—변환'을 일으킨다. 선글라스를 벗듯이 평소 자신의 시각을 벗어버리려면 어떻게 해야 할까? 안구를 갈아 끼울 수는 없는 노릇이니 그저 세상을 다른 각도에서 바라봐야 할까?

그러나 선글라스에는 더 본질적인 요소가 있다. 바로 눈을 은폐한다는 점이다. 선글라스는 쓰고 다니는 가면이자, 감추는 부위가 전도된 가면 ─ 일반적으로 가면은 얼굴에서 눈을 제외한 나머지 부분을 감추지만, 선글라스는 얼굴의 다른 부분은 노출하고 눈만을 감춘다 ─ 이다. 시선을 감추는 것은 독특한 방식의 은신, 다른 사람들과 거리 두기이며, 막연한 불신을 불러일으키고 불안을 조장하는 거북한 감정을 자아내는 행동이다. 선글라스를 말할 때 군부 장성, 유명 연예인, 마피아 두목, 탐미주의자, 사형집행인 같은 인물이 떠오르는 것은 우연이 아니다. 그들은 자주 검은 안경을 쓰고 나타난다. 이때 안경은 햇빛과 아무런 관련이 없다. 검은 선글라스는 단지 시선을 가리는 데 쓰일 뿐이다. 이 사물을 사용하는 사람들에게는 공통적으로 비밀과 냉정함에 대한 취향이 있는 듯하다.

검은 선글라스의 속성은 다른 이의 시선이 이쪽의 실체를 모르는 채 와서 부딪히는 그 비대칭적인 불투명함에 집중되어 있다. 엘리트주의의 핵심은 이런 거리 두기, 서로 마주치지 못하게 차단한 시선, 나는 안전한 곳에 숨어 당신을 지켜보고 파악하고 있지만, 당신은 나를 볼 수도 없고 파악할 수도 없다'는 차별화·우월화 전략과 연결되어 있다. 이처럼 상대가 자신을 바라보지 못하게 하고, 서로 마주보기를 거부하는 시선을 누가 확보하고 있느냐에 권력과 우월성의 독점 여부가 달려 있다. 누군가 자신을 관찰하고 있다는 사실을 알지만, 그 관찰자를 분명하게 볼 수 없는 그 시선이 바로 핵심이다. 그럴 때 타인의 존재를 직접 감지할 수 없기에 그의 존재를 추측할 수밖에 없다. 불투명한 차폐물 뒤에 있는 그 존재를 가정할 뿐, 경험하고 확인할 수는 없다. 늘 이렇게 교묘하게 회피하는 전략을 고수하는 그 존재는 더욱 강력해지고, 뒤로 물러나 있는 만큼 더욱 두려워진다. 검은 선글라스는 그것을 쓰고 있는 사람이 단지 자신의 눈을 가림으로써 자신을 바라보는 타자의 시선에 담긴 동물적 탐색, 감춰진 의도, 포착하려는 시도 등을 뚜렷이 드러낸다.

이슬람 전통에 따라 베일을 쓴 여인과 선글라스를 낀 나체 여인을 나란히 떠올려보자. 베일을 쓴 여인은 눈만 내놓고 머리끝에서 발끝까지 온몸을 가리고 있다. 나체 여인은 타인으로부터 시선만을 가리고 있다. 두 여인 중 누가 더 자신을 잘 은폐했다고 생각하는가? 왜 그렇게 생각하는가? 이 문제는 겨울밤을 함께 보내기에 좋은 화제가 될 만하다.

카페테라스에서 선글라스를 쓰고 있는 나는 테이블에 펼쳐놓은 신문 읽기마저 잊어버리고 이런 생각에 빠져 있다.

# 6. 알람

이른 아침,
집에서

갑자기 날카롭게 고막을 찌르는 소리가 들린다. 면도하다가 예리한 날에 베여 피가 나듯이 심한 부상도 아니고 통증도 크지 않지만 살갗이 찢어져 벌어지는 것만 같다. 알람이 울리면 그렇다. 날카롭고 단조로운 소음이 계속된다. 마치 머릿속을 핀으로 찔러대는 것만 같다.

언뜻 시계를 보니 6시 46분이었던 것 같다. 알람이 6시 46분에 울렸다면, 그럴 만한 이유가 있을 것이다. 그 이유를 찾아내야 한다. 아, 모르겠다. 전혀 생각나지 않는다. 그 이유가 무엇일까… 맞다! 어서 일어나 기차를 타야 한다.

알람 소리가 제대로 잠을 깨우지 못해, 나는 알람에 관해서는 거의 모든 수단을 동원해봤다. 잠을 방해하는 똑딱이 알람, 눈이 부시게 하는 야광 알람, 잠을 깨우는 데에는 별로 효과가 없는 멜로디 알람, 마음을 불안하게 하는 라디오 알람, 자던 사람을 정신 사납게 하는 음성 녹음 알람 등…. 결국 나는 내 손목시계에 내장된 날카로운 알람 소리에

만족하기로 했다. 이 알람은 어떤 정보를 전하지도, 멜로디를 울리지도 않는다. 그리고 잠을 깨워달라고 한 사람에게 다정한 말을 늘어놓지도 않는다. 눈을 뜰 때까지 고음으로, 날카로운 소음으로 송곳처럼 고막을 찌를 뿐이다. 이건 명백하고 공공연한 폭력이다.

잠을 다 자고 스스로 깨어나는 것만이 '자연스러운' 현상이다. 잠이 끝나고, 잠을 거부하게 되고, 아침이 찾아오면서 빛이 깨어나고, 소리도 없이 한 조각 한 조각 세상이 다시 구성되기 시작한다. 미리 정해놓은 시각에 억지로 깨어 일어나는 것은 폭력적으로 침해받는 상황이나 다름없다. 물론 이것이 지극히 일상적인 상황이라는 것을, 나도 잘 알고 있다. 유용한 방법이라는 것도 인정한다. 하지만 폭력적이라는 사실에는 조금도 달라질 것이 없다.

여러분을 잠에서, 침대에서, 집에서 끌어내는 것은 바로 강력한 사회 조직이다. 알람이 울리는 이유는 여러분이 일을 하러 가야 하기 때문이고, 학교에 갈 아이를 깨워야 하기 때문이고, 기차나 지하철이나 비행기를 타야 하기 때문이고, 출근 카드를 찍어야 하기 때문이고, 사무실이나 누군가 여러분을 기다리고 있는 장소나, 남들이 여러분을 필요로 하고 지켜보는 장소에 있어야 하기 때문이다. 따라서 정교하게 조정된 행동과 경로가 요구된다. 그리고 규율은 점점 더 강제적이고 철저해진다.

과거에는 마을이나 군대에서 나팔이나 종으로 사람들을 호출했다. 하지만 대부분 한곳에 모여 살고 있었기에 실제로 그렇게 하는 경우

는 드물었다. 현대 사회의 역사—탄생, 진화—는 인간의 삶에 대한 '정확한 시간'의 점진적인 지배의 기록이고, 이 세상은 거대한 '시계화'의 결과다.

도시 한복판에 있는 광장에 기계식 시계가 최초로 설치된 시기는 언제였을까? 시간의 통제는 중국, 아프리카, 중동에서 어떤 결과를 낳았을까? 권력은 전체 조직에 속한 모든 집단을 장악하려고 시간을 이용해 어떤 시도를 했을까? 그토록 다양한 민족과 개인과 생활 리듬을 어떻게 통제했을까?

알람이 울리고, 정해진 시각에 뉴스를 시작하고, 지하철이 32분에, 27분에, 58분에 도착하고 출발하는 것이 우리에게는 지극히 당연하고 단순해 보인다. 그러나 이런 결과를 얻기까지 얼마나 많은 훈련의 세기가 필요했으며, 시각을 지키는 일에 길들고 적응하기까지 얼마나 많은 세대를 거쳐야 했을까? 시간을 쪼개고 재는 이 사물은 끈질기게 달라붙어 우리 일상을 장악한다. 도심 광장에 커다란 시계가 걸리자, 각자의 집 거실과 부엌에 괘종시계가 걸리기 시작하고, 침대 옆 탁자에도 하나둘 시계가 놓이기 시작했다. 부자들은 조끼 주머니에 고급스러운 회중시계를 가지고 다니다가 가끔 벌써 시간이 이렇게 흘러서 놀랐다는 듯이 거만한 태도로 꺼내보곤 했다. 그리고 마침내 시계는 전 세계 모든 이의 팔목을 단단히 휘감고, 이제는 디지털 신호로 휴대전화의 화면을 장식한다.

시계는 온종일, 일하거나 여가를 즐기는 동안 손목에서 혹은 휴대전화에서 우리와 함께한다. 시계는 엄밀하고 규칙적인 시간의 계율에 예속된 육체와 정신을 구속한다. 아침마다 손목에 시계를 차는 행위는 '엄밀하게 시간이 배정된 의무'라는 제의를 걸치는 동작이나 다름없다. 손목시계는 무게 없는 시간의 무게를 만들어낸다.

나를 깨운 이 사물은 원칙적으로 오작동하지 않는다. 늦는 법도 없고 이른 법도 없이 항상 정확하다. 오죽하면 '시계처럼 정확하다'는 말이 생겼을까. 우리가 차는 손목시계와 범죄자가 차는 수갑 사이에 어떤 다른 점이 있을까? 있기는 있을 것이다. 나는 시간의 압박이 약한 얼마 안 되는 세상과 만날 때면 으레 손목시계를 풀어놓는다. 사랑을 나눌 때, 물에 들어갈 때, 잠잘 때 만나는 세상에서 나는 시간의 억압으로부터 해방된다.

시간의 범세계적인 조작을 규탄할 수도 있다. 실제로 그토록 많은 '시계'라는 사물이 단 하나의 규칙에 따라 원격으로 조정되는 현상은 해로운 것이 아닐까? 이를 비판할지 말지를 결정하는 것은 전적으로 우리에게 달렸다.

# 7. 소금통

점심시간,
구내식당에서

이번 주는 어찌나 바쁜지, 사물을 관찰할 시간이 없다. 바쁘게 일하다 보면 나 자신이 그저 하나의 기능으로 전락했다는 느낌이 들 때가 있다. 게다가 그래야 일이 순조롭게 진행된다. 이런 상황에서는 일의 대상이나 일하는 장소, 함께 일하는 사람 등 나머지 것들에 관심을 기울일 겨를이 없다.

와자지껄한 구내식당에서 서둘러 식사를 시작한다. 샐러드에 소금을 뿌리려는데, 식탁에 소금통이 없다. 식탁에는 으레 소금통과 후추통이 놓여 있지만, 그것이 없기에 나는 그것이 없다는 사실을 의식하게 되었다. 일반적으로 소금통은 언제든 사용할 수 있게 식탁 한구석에서 묵묵히 대기하고 있다. 소금통은 늘 거기 있지만, 아무도 그것이 거기 있다는 사실을 의식하지 못한다. 소금통의 역할은 단지 그것이 필요한 경우에 대비해서 거기에 있을 뿐이다.

음식 맛이 싱거우면 우리는 눈으로, 손으로, 기계적으로 소금통을 찾는다. 평소에 소금통은 손 닿는 거리에서 변함없이 제자리를 지키고

있지만, 우리는 그 존재를 잊어버린다. 그러다가 소금이 필요해지면, 식탁 한구석에 있는 소금통으로 손을 뻗는다. 이처럼 소금통은 우리 의식에 떠올랐다가 사라지기를 반복하는 사물, '간헐적인' 사물이다.

소금통은 부동성과 연속성을 실현한다. 그러나 그런 안정성은 소금통 혼자만의 몫일 뿐, 거기에 주목하는 사람은 아무도 없다. 우리는 단지 소금통이 늘 제자리에서 어김없이 자기 역할을 해주기만을 요구한다. 그런 점에서 소금통은 항시적으로 짠맛을 유지하기 위해 대기 상태에 있는 '맛의 119'인 셈이다.

이처럼 우리 주변에는 항상적인 대기 상태에 있는 수많은 사물이 있다. 우리를 위해 늘 대기하고 있는 것이 이 사물들의 본질적인 모습일 것이다. 하지만 소금통의 존재 의미는 그런 역할에 국한되지 않는다. 소금통은 문명의 단서다. 소금의 역사를 생각해보자. 선사시대에 동물들은 움푹 팬 바위에 붙어 있는 소금 덩어리를 핥았고, 동물들의 그런 행태를 눈여겨본 인간들도 소금을 찾아 맛보았다. 고대에 소금은 배에 실려 지중해 연안을 오가던 마법적인 향신료 사이에 섞여 있었고, 염세리들은 소금이 영토의 경계를 넘을 때마다 세를 거둬들였으며, 사람들은 먹을거리가 귀한 겨울철에 대비해 식품 저장고 깊숙한 곳에 돼지고기를 소금에 절여두곤 했다. 서점에는 이처럼 대륙과 바다를 가로지르던 소금의 이동 경로, 인류 진화 과정에 개입해온 소금의 위상을 다룬 책들이 나와 있을 것이다. 그러나 소금을 둘러싼 물욕과 투쟁, 교역과 보급, 과학과 이성이 주인공으로 등장하는 맛의 거대한 역사는 식탁 가장자리 작은 아연 쟁반에 놓여 있는 소금통의 완벽한 평범성으로 귀착된다.

예전에 그토록 희귀하고, 귀중하고, 신기했던 소금은 이제 어디서나 볼 수 있는 흔한 것, 저렴한 것이 되었다. 형편없는 식당에서도 소금 값을 따로 받지는 않는다. 그런 점에서 소금은 가히 문명의 지표다. 소금이 일상화하고 보편화되었다는 사실은 우리 뇌리에 분명히 새겨져, 이제 우리는 과거에 소금에 부여했던 특성에 대한 기억마저 잊었다.

소금통이 제 역할을 하려면 위를 잠시 아래로 향하게 해서 소금이 나오게 해야 한다. 음식의 맛을 낼 때 소금은 한 꼬집이면 충분하고, 골고루 뿌려야 한다. 그리고 무엇보다도 육안으로 구별하기 어려운 다른 흰 가루들, 예를 들어 설탕 같은 것들과 혼동하지 말아야 한다. 소금과 소금통의 이런 성격들, 다시 말해 보편화되었다는 점, 사용할 때 위를 아래로 향하게 한다는 점, 소량이면 충분하다는 점, 골고루 뿌려야 한다는 점, 겉모습은 같아도 내용은 다른 것들과 혼동해서는 안 된다는 점을 생각해보면 어떤 교훈을 깨닫게 한다.

싱거움을 이기려는 시도는 기묘한 싸움이다. 소금통은 아주 오래전에 '영혼'이라고 부르던 것의 현재 모습을 담고 있다. 이제 지상에서 소금은 흔한 것이 되었다.

나는 기계적으로 손목시계를 들여다본다.

## 8. 서랍

오후가 끝날 무렵,
내 방에서

어제부터 날씨가 정말 추워졌다. 나는 그렇게 느꼈다. 다른 이들은 조금 서늘해졌다고 말할지도 모른다. 온난한 지방에서 추위를 잘 타는 사람들이 어떤 신세인지 아는가? 구름이 몰려오기 시작하면 겨울 상품 카탈로그를 훑어본다. 노랗게 변한 나뭇잎이 떨어지면 가죽 장갑과 털양말을 꺼내 챙겨둔다. 내려가는 온도계 눈금을 근심의 원천처럼 들여다본다. 온몸이 얼어붙기 싫어서 따뜻한 곳만 찾으면서 마치 혹한으로 마비되고 움직이지 못하게 되는 생활로 한 걸음 다가서기라도 한 것처럼 걱정이 태산이다.

외출하기 전 목도리를 두르기로 마음먹었다. 목도리들은 서랍 속에, 서랍장 속에, 내 방에 있다. 하나를 가지러 간다. 갑자기 서랍이 시야에 들어온다. 나머지는 흐릿하게 보인다. 주변으로부터 떨어져 나와 돌출한 것처럼 서랍만이 뚜렷하게 보이는 것이다. 전에도 그랬다. 한 사물이 갑자기 눈에 띄는 것이다. 그것이 어느 사물인지 미리 알 수는 없다. 왜 그 사물이 한순간 강한 인상을 주는지도 모르겠다.

난 몇 번인가 서랍을 여닫는다. 목도리가 나타났다가 사라졌다가 다시 나타났다가 다시 사라진다. 아주 오래전에 깜짝 놀랐을 때 경험한 감정, 어린아이 시절의 느낌을 되찾는다. 어떻게 공간 속에 공간이 있을까? 따로 준비된 공간, 일상적인 세상 안에 끼어 있는 '중복'된 공간이다. 이것은 제2의 세상이며 그 안에 또 다른 세상이, 그리고 그 안에 또 다른 세상이 서랍의 숫자만큼 존재한다. 이 세상은 익숙한 세상 안에 들어 있는 또 다른 세상이다.

여러분도 이처럼 세상에 끼어 있는 세상이 헤아릴 수 없이 많다는 사실을 잘 알 것이다. 동굴, 납골당, 지하 창고, 집, 벽장, 상자, 책, 신문… 수많은 공간이 따로 마련되어 있으며 입장할 수 있는 이들에게는 열려 있고 그렇지 않은 사람에게는 미지의 공간으로 남아 있다. 서랍은 이런 조화 속에 있다. 하지만 구별된다. 잡아당길 수 있고 수평으로 미끄러진다는 점은 서랍만의 특별한 점이다.

벽장문을 열 때 시선은 그 안으로 들어가 내부를 탐색하고 조사하고 점검한다. 벽장은 사물들을 위한 일종의 축소판 방이다. 그러나 서랍은 다른 식으로 기능한다. 손잡이를 잡아당기면 서랍은 일부분을 여전히 홈에 감춘 채 담고 있는 내용물을 내보인다. 서랍을 통째로 잡아 빼서 홈에서 분리하면 일반적인 상자가 되어버린다. 수수께끼 같은 서랍의 매력은 제자리를 완전히 떠나지 않고 내용물을 드러내는 그 왕복운동과 미끄러짐에 있다.

서랍이 환기하는 것은 이런저런 것으로 채워진 세상의 실재다. 서랍 안은 뒤죽박죽이거나 잘 정돈된, 형형색색이거나 단색의 동일한 내용물이 들어 있는 공간이다. 그것은 나타났다가 사라지는 구조물이며 여러 개의 층(層)과 단(段)으로 이루어진 세상이다. 서랍은 다양한 사물을 집어넣고 꺼내는 여러 개의 구획으로 분절된 공간이다.

서랍의 구조는 다른 곳에서도 찾아볼 수 있다. 컴퓨터의 폴더, 작동하는 기억장치의 구조, 본문에 따라붙는 주석(註釋)이 그렇다. 하이퍼텍스트도 방대한 서랍 구조다. 각각의 어휘와 관련된 내용의 전개, 참조할 사항, 백과사전적 정보를 한없이 삽입할 수 있다. 인간의 사유 자체가 이런 방식으로 작동한다. 나는 내 머리도 이처럼 서랍식으로 되어 있다는 상상을 자주 한다. 다양한 사실들에 대한 사유를 담은 각각의 서랍을 필요할 때마다 여닫는 것이다. 특별히 필요할 때가 아니라면 각각의 서랍에 담긴 내용물을 서로 뒤섞지 않고 병렬적으로 보관한다. 그러나 정신의 서랍은 잘 닫히지 않는다. 분리된 상태가 견고하지도 않다. 어쩌면 이것은 다행한 일일지도 모른다.

요컨대 지금 내가 하고 있는 체험의 특징은 각각의 사물을 하나의 서랍으로 간주하는 데 있다. 운이 좋다면 나는 그 서랍들을 성공적으로 열어볼 수 있을 것이다. 그 안에 무엇이 들어 있는지는 미리 알 수 없다. 어쩌면 아무것도 없거나 내 이해 범위를 넘어서는 사실들이 들어 있을지도 모른다. 아니면 거기에 무엇이 있을까? 처음으로 두려움 비슷한 감정을 느낀다. 대체 나는 어떤 일에 연루되어 있는 걸까?

# 9. 스카프

초겨울,
카페에서


　오늘은 스카프를 두르고 외출한다. 때가 되면 이런 순간은 늘 다시 찾아온다. 스카프를 두르면 마음이 편해진다. 찬바람을 막아주고, 감기에 걸리지 않게 해주리라는 믿음 때문일까?

　스카프에는 무언가 다른 차원이 있다. 무엇이 다를까? 세상의 여러 사물 중에서 우리가 몸에 걸치는 것들은 독자적인 위치를 차지한다. 거리에서, 상점에서 흔히 볼 수 있는 의류는 다른 수많은 사물과 마찬가지로 그저 평범한 사물일 뿐이다. 더 유연하고 더 표현적이지만, 어쨌든 '사물'이라는 일상적 영역에 속한다.

　그러나 옷장, 벽장, 옷 방, 선반, 서랍에 있는 의류는 같은 사물이면서도 그 나름의 추억을 간직하고 있고, 우리 몸과 함께했던 시간과 공간이 날줄과 씨줄처럼 짜여 있다. 노르망디 지방을 산책할 때 입었던 티셔츠, 파트모스에서 입었던 남방셔츠, 뉴욕에서 입었던 와이셔츠, 한국의 서울에서 입었던 고급스러운 스웨터, 사촌 여동생 집, 처남 집, 이웃집에 갈 때 입었던 평범한 일상복… 이처럼 모든 의류는 우리가 보낸 시간의 향기를 고스란히 간직하고 있다. 어떤 옷을 걸치고 무엇을 했거나 나눈 기억은 남아 있지 않아도 그 옷은 우리가 보낸 시간과 닮은 무언가를 간직하고 있다.

입고 있는 옷을 몸과 따로 떼어 생각할 수 없다. 옷은 몸의 연장이고, 몸과 하나가 되고, 몸을 변화시키고, 몸을 유지하게 해준다. 살과 직접 닿은 상태로 몸과 함께 활동하는 옷을 다른 사물과 똑같이 생각할 수는 없다.

우리는 옷을 마치 살아 있는 사물처럼 인식한다. 바지는 걷고, 웃옷은 팔을 뻗는다. 셔츠는 달리거나 앉는다. 우리가 입은 옷은 거북이 등껍데기나 달팽이 집처럼 짊어지고 다녀야 할 정도로 무겁거나 거추장스럽지도 않고, 평소에 우리가 움직일 때 옷도 그 움직임을 함께하고 있다는 것을 느낄 정도로 유별난 인식의 대상이 되지도 않는다. 특별한 경우(너무 무거운 외투, 너무 작은 스웨터, 너무 꽉 끼는 청바지)를 제외하면 옷이 어깨, 팔, 다리를 감싸고 있다거나, 우리 몸이 옷을 걸치고 다닌다는 느낌이 확연하게 드는 일은 없다. 옷은 우리 몸의 고유한 운동성과 구분할 수 없을 정도로 우리와 하나가 되어 모든 움직임과 함께한다.

이런 상태에서 옷을 다른 사물들과 똑같이 볼 수는 없지 않을까? 옷에는 '움직이지 않는다'는 사물만의 특성이 모자란다. 사물은 움직이지 않고, 움직일 수도 없다. 역사적으로 봐도 최근에야 스스로 작동하는 기계가 발명되었다. 그렇다고 옷에 동력이 있어서 운동성이 있다고 생각하는 사람은 없다. 옷을 사물의 평범한 세계에서 벗어나게 하는 것은 옷이 보여주는 유연성, 자율적인 특성, 생물과 무생물 중간 지점에서 반쯤 살아 있는 것처럼 느끼게 하는 생명력이다.

같은 이유로 옷은 기억과 특별한 관계를 맺는다. 옷은 몸에 대한 기억에 동화된다. 이 기억은 자세와 감각의 축적이며, 성찰이나 논리적 통제에 기대지 않으면서 서로 맞물려 확대되는 일련의 반응이다. 우리 몸은 옷과 어떤 순간을 함께 체험했고, 옷은 말없이 그 순간을 계속 떠올리게 한다.

내게 스카프는 다른 수많은 사물과 마찬가지로 언제나 어머니와 연결되어 있다. 초등학교에 다닐 때였다. 아직 날이 밝지 않아 어둑한 등굣길에 나설 때 어머니는 말씀하셨다. "아들, 잊지 말고 목도리 챙겨야지." 어머니께서는 항상 '목도리'라고 말씀하셨다. 나는 한참 뒤에야 그 말의 뜻을 이해했다. 그 시절 나는 그 말이 '목에 두르는 행동'과 관계가 있다는 사실을 전혀 몰랐다. 내게는 그저 말 그대로 목도리였을 뿐이다. 나는 내 목도리를 잊지 못한다. 어머니는 내 목에 목도리를 묶어주시고 나서 내게 책가방을 건네주셨다.

스카프를 두를 때마다 그 기억을 반드시 선명하게 떠올리는 것은 아니다. 그 기억은 슬며시, 움직이는 동안 암암리에, 어떤 일정한 관점에서만 볼 수 있게끔 모습을 드러낸다. 어떻게 그렇게도 많은 삶의 추억이 사물들 속에 숨겨져 있을까? 사물 중 하나를 들어올리기만 해도 충분히 하나의 세상을 볼 수 있다.

어쨌든 스카프는 의복 중에서 가장 단순한 사물이다. 바느질도 하지 않는다. 재단도 하지 않는다. 그저 모나 견 또는 다른 재료로 된 직물 띠일 따름이다. 목 뒷덜미나 목 앞에, 기분에 따라 나란히 늘어뜨리거나, 교차시키거나, 묶는다. 인간의 기억도 마찬가지다.

# 10. 가로등

어느 저녁,
'새'의 집에서

사랑하는 사람 집에 머물 때(평소에 그녀는 내 집에 있다) 창밖을 내다보면 가로등이 시야에 들어온다. 낡고, 길고, 가늘고, 세로로 홈이 파여 있는 기둥 꼭대기에 모자처럼 생긴 금속이 달려 있고, 거꾸로 된 종 모양의 유리 속에 전구가 들어 있다. 이런 모양은 프랑스보다는 런던이나 북유럽을 떠올리게 한다. 파리에서는 상대적으로 드물게 볼 수 있는 고풍스러운 가로등이다. 이 가로등은 집 바로 앞에 있는 공원 안쪽 나무들 위로 솟아 있다. 침대에서 창문을 통해 바라볼 수 있다.

왜 이 가로등이 내 마음을 흔드는 걸까? 보고 있노라면 파리에 있다는 생각이 전혀 들지 않는 묘한 모양 때문일까? 그 모양이 멀리서 달려오는 사륜마차의 말발굽 소리가 들릴 듯한 분위기에서는 늘 깔려 있을 법한 안개를 연상시키기 때문일까? 밤이 내리자 약속이라도 한 듯이 어제와 똑같은 시각에 들어오는 전구의 빛, 오렌지색에 가깝게 생생한 노란빛 때문일까? 아마도 그 모든 것 때문이리라.

전반적인 무관심 속에서도 홀로 오도카니 불을 밝히고 서 있는 가로등의 모습에 나는 각별한 애정을 느낀다. 가로등에는 겸허한 등대와 같은 무언가가 있다. 누가 뭐라고 하든 개의치 않고, 평소에 아무도 없는 이 광장에서 누가 보든 말든 전력을 다해 빛을 비춘다. 설령 사람들이 있다고 해도 태도가 달라지지 않는다. 참으로 믿음직스럽다.

이런 의미에서 가로등은 그녀를 닮았다. 그녀도 북유럽 분위기를 풍기고, 파리에서는 흔히 볼 수 없는 타입이다. 그녀 역시 우아하고 고풍스러운 전형을 보여주고, 주변에 사람이 있든 없든 변함없이 빛을 발한다. 그녀 역시 평안을 주는 행복한 고독 속에서 살아간다.

가로등을 사랑하지는 않지만, 고마움을 느낀다. 가로등은 내게 어떻게 하면 상대의 고독을 존중하면서도 사랑을 지킬 수 있는지를 일깨워주고, 그것을 말할 수 있게 해주고, 적어도 그 가능성을 엿보게 해주기 때문이다. 가로등은 아주 가까운 곳에서 군건하고도 가볍게, 그리고 항상 솔직하게 서 있다.

창문, 빛. 커튼.

# 11. 공책

또 다른 저녁,
'새'의 집에서

계절보다 일찍 햇빛이 조금씩 힘을 잃어가자, 많은 이가 힘들어한다. 여러 사람이 공유하는 감정을 거스르기는 싫지만, 하루하루 밤의 장막이 늘어날수록 나는 왠지 마음이 놓인다. 칠흑 같은 어둠은 마음을 달래주고, 불현듯 스며드는 어둠은 감미롭게 느껴지기 때문일까?

낮과 빛의 생경하고 날카로운 느낌은 긴장감과 경계심을 불러일으킨다. 환한 빛을 받으면 사물들도 깜짝 놀라 마비라도 된 듯이 경직되어 있다. 윤곽은 더 선명해지고, 형태는 더 확고해져서 마치 얼어버린 듯이 꼼짝도 하지 못한다. 그러다가 어둠이 내리면 사물들은 슬슬 본연의 모습을 드러내고, 자신의 존재방식을 노출한다. 암흑 속에서 더 자신감이 생기고 더 유연해지는 것만 같다.

어쨌든 내게는 그렇게 보인다. 물론 이것은 내가 사물에 투영한 모습일 뿐이라는 사실을 잘 알고 있다. 사물이 위축되거나 자신감을 드러낼 리 없다. 하지만 내 눈으로 보고, 내 정신으로 생각할 수밖에 없다. 단언컨대, 내가 낮이 다소 낯선 세상이 되기를 완전히 멈추게 하거나 밤이 포근한 집이 되게 할 수는 없다. 어쨌든, 밤에 글을 쓸 때에는 컴퓨터보다 공책이 적당하다.

산업화 시대 초기에 태어난 공책은 이제 시대에 뒤떨어진 물건이 되었다. 서판이나 양피지와도 관련이 없고, 컴퓨터 모니터나 자판과도 관련이 없다. 공책만의 특징이 있다면 백지 낱장들을 묶어 책처럼 만들었다는 점이다. 공책은 손으로 기록한 것을 순서대로 보존할 용도로 고안한 사물이며, 모아두는 구실을 하는 사물이다. 그래서 더욱 예스러운 사물이다. 기록 기술의 역사에서 보면 공책은 긴 역사를 통해 살아남았다고는 해도 과거에 속하는 사물임이 틀림없다. 컴퓨터가 공책과 경쟁하고, 노트북이 공책을 하찮게 여기기 시작한 지 이미 오래다. 개인의 역사에서 보면 공책은 지금도 여전히 유년기와 영속적인 관계를 맺고 있다.

공책은 초등학교 분위기를 풍긴다. 행, 열, 칸, 여백에 맞춰 글씨를 똑바로 쓰려는 조바심, 줄이 비뚤어지지는 않을까, 순서가 뒤바뀌지는 않을까, 얼룩이 남지는 않을까, 걱정하는 마음이 그대로 드러난다. '문자'라는 명백히 코드화한 기호의 사용과 관련된 사회적 규범을 배우는 과정에서 공책은 구속, 긴장, 규율을 부과하는 주요한 도구 중 하나다.

백지를 묶은 이 뭉치를 소홀히 하지 말자. 실로 꿰맸든, 풀로 붙였든, 스프링으로 묶었든, 줄이 그어졌든, 격자무늬가 들어갔든, 아무 무늬도 없는 백지든 마찬가지다. 크기도, 쪽수도 다양한 이 종이 뭉치는 언제든지 무엇이든 써 넣을 수 있게 준비되어 있다. 낱장과도 다르고, 여

러 장의 종이를 일시적으로 모아둔 메모지철과도 다르다. 공책은 시간이 흐름에 따라 분산된 일련의 흔적, 여정을 수집하고 간직한다. 수첩, 장부, 회계장부도 모든 흔적을 정해진 순서에 따라 보관하는 기능을 한다.

공책의 두께는 기록의 두께며 시간의 두께다. 기록도 시간도 한꺼번에 이루어질 수 없듯이 공책도 단번에 모든 내용을 내보일 수 없다. 한 자, 한 줄, 한 쪽씩 차근차근 모습을 드러낸다. 아직 아무것도 쓰이지 않은 새 공책이 일으키는 매혹과 현기증의 핵심이 바로 여기에 있다. 새 공책은 엄청나게 많은 가능성을 내포하고 있다. 그리고 한 권의 공책을 글로 채운다는 것은 그 많은 가능성을 계속해서 하나둘 배제해나간다는 것을 의미한다. 그래서 공책에 얼마나 많은 글을 기록하든 간에 단 하나의 가능성이 실현될 뿐이다.

나는 영화 속의 영화, 연극 속의 연극, 소설 속의 소설, 치즈 상표 아이콘 '웃는 소'의 귀걸이 속에 똑 같은 모습의 웃는 소가 계속 재현되는 것 같은 액자 구조를 좋아하지 않는다. 그래서 내가 지금 공책에 대해 글을 쓰고 있는 이 공책에 대해서는 말없이 지나가려고 한다. 이 공책에는 흰 여백이 꽤 많이 남아 있다. 잘됐다. 창밖은 검은 어둠이다. 더 잘됐다. 창밖 가로등은 여전히 불을 밝히고 서 있다. 완벽과 현실.

## 12. 보일러

겨울 아침,
집에서

이제 확실해졌다. 진짜 추위가 닥쳤다. 사실 이것은 내가 가장 두려워하는 상황이다. 불편, 추함, 배고픔은 그런대로 견딜 만하다. 실제로 나는 안락함, 아름다움, 먹기를 좋아한다. 누구나 그렇지 않은가? 하지만 극단적인 경우에 그런 것 없이도 지낼 수 있고, 최소한의 조건으로 견뎌낼 수도 있을 것이다. 하지만 기온은 그렇지 못하다. 기온이 떨어지면 추위는 신경 깊숙이 마치 끔찍한 위험이라도 닥치듯이 불쑥 나타난다. 그러면 갑자기 모든 것이 굳어버리고 쪼그라들며, 냉기가 자리를 잡는다. 대기가 얼어붙으면 온몸이, 어쩌면 다른 것들까지도 죽음의 영역에, 갑자기 모든 것이 전멸하는 것보다 훨씬 더 치명적으로 서서히 진행되는 죽음의 영역에 잠기면서 움츠러든다.

보일러를 확인한다. 잘 가동되는지만 확인한다. 여전히 거기 있는지. 누출이나 이상은 없는지, 수상한 소리는 나지 않는지…. 그런데 정상적으로 윙윙거리는 소리를 내며 작동한다. 마술 같은 조작이다. 점검도, 청소도, 보수도 할 줄 모르는 내게, 그리고 어쩌면 여러분에게도 보일러는 신비한 사물의 부류에 속한다. 단지 보일러가 잘 있는지, 항상 그대로 있는지를 확인할 뿐이다. 한결같은지, 작동하는지, 타오르며 열을 보내는지.

대부분 보일러는 지하실, 창고, 세탁실, 부엌 한쪽 귀퉁이, 욕실 한구석 등 눈에 띄지 않는 곳에 숨어 있다. 다가가서 들여다봐도 눈길을 피한다. 매끄러운 직육면체에 유성 페인트가 발려 있고, 기껏해야 계기판 하나에 개폐문과 손잡이가 달려 있을 뿐이다. 중요한 부분은 겉에서 전혀 볼 수 없다.

이렇게 보일러를 푸대접하는 데에는 그만한 이유가 있다. 소음이 나기 때문이다. 게다가 기름 보일러는 좋지 않은 냄새까지 풍긴다. 또 어떤 보일러는 부피가 너무 커서 지하실이나 창고 같은 데 둘 수밖에 없다. 보일러는 숨어 있지만, 우리가 살아가는 데 필수적인 사물들의 부류에 속한다. 밑에, 위에, 바깥에, 눈에 띄지 않는 곳에 설치되어 파이프, 배관, 케이블, 금속선, 터빈, 필터, 펌프 같은 부속들이 물, 공기, 에너지를 순환시키고, 변화시키고, 재활용한다. 보일러는 동맥, 정맥, 내장처럼 눈에 보이지는 않지만 생명을 유지하는 데 필수적인 사물이며, 추운 겨울 하늘이 짙푸른 색으로 변하면 집 안에서 끊임없이 에너지를 순환시키는 먼지 쌓인 기계 심장이다.

따라서 가끔은 통찰력을 발휘하고, 감사하는 마음으로 이런 역할을 하는 사물들을 생각해야 한다. 물론, 늘 그럴 수는 없을 것이다. 그것들을 잊고 지내는 것 역시 당연한 일이다. 길을 걸을 때마다 자기 심장

의 펌프질을 생각하는 사람은 없을 테니까.

　어슴푸레한 겨울 빛 속에서 책상, 작업대, 안락의자, 컴퓨터 화면 곁으로 돌아오면서 보일러가 해동 장치라는 생각을 해본다. 우리는 새로운 사물을 만들어낼 때마다 현실의 반대 방향으로 능력을 길렀다. 반대되는 것인가, 보충하는 것인가? 반대되는 것인가, 비슷한 것인가?

# 질문 1

나는 이 체험을 3개월 전부터 계속하고 있다. 중간에 그만두고 싶은 마음도 자주 들었다. 이것은 분명히 너무도 엉뚱하고 웃기는 시도다. 하지만 이런 확신보다 더 강력한 마음의 동요가 일어 지금도 이 체험을 계속하고 있다. 어떤 때에는 임무를 부여받은 느낌마저 든다. 그 임무의 내용이 어떤 것인지는 정확히 말할 수 없지만, 어쨌든 포기할 수는 없다.

사물에 대해 이야기하면서 나는 왜 나 자신에 대해 말하게 되었을까? 나는 사적인 일기를 싫어한다. 자서전, 회고록, 고백록은 지루하다. 그런데도 사물과 관련한 글에는 내 편집증과 내 약점의 일부가 부여된 화자가 등장한다. 사물에 대해 말하려고 그것의 실체에 연관된 자신의 일부를 드러내는 것이 바람직한 일일까? 다른 식으로 할 수도 있을까? 아니면 우리는 필연적으로 이렇게 사물과 얽혀 있는 걸까?

순수한 주체가 순수한 대상과 마주하고 있다는 생각은 유효성이 없다. 주체는 개인의 특성, 성향, 기호, 재능, 개성에서 벗어나 맹물처럼 순수한 상태로 존재할 수 없기 때문이다. 그런 요소들을 제거하려면 심각한 폭력이 필요하다. 개인 성격상의 고유한 모든 특징을 지워버리고 초월적인 순수성으로 환원된 자각을 얻으려면 기억을 삭제하고, 감정을 분쇄하고, 마음을 소독하고, 육체적 표징들을 평준화해야 하는데, 사실은 이런 것들이야말로 한 사람의 정체성을 형성하지 않던가? 그런 과정을 거쳤을 때 남는 것은 순수한 기교, 자신만큼이나 추상적인 대상 앞에서 꼼짝 않고 있는 이성적 존재뿐이다.

그러나 이 체험을 시작할 때 내가 배운 것은 이와 정확하게 반대되는 것이었다. 실존하는 수많은 개별적 존재들의 무궁무진한 상이성에 다가가려면 지엽적이고 불연속적인 측면들, 관점의 변화, 사물과 인간 사이의 복잡한 뒤얽힘, 서로 다른 주체들과 이목을 끌지 않는 대상들의 예측 불가능한 상호작용을 모두 받아들여야 한다.

이런 상황에서 내게는 두 안내자가 있다. 바로 몽테뉴와 니체다. 이들은 모두 자기 이야기를 하지 않고서는 사유하지 않는다. 그들이 쓴 글의 곳곳에서 그들의 개별성을 확인할 수 있다. 하지만 그들은 자기표현의 즐거움을 위해 자기 이야기를 하거나 자신의 삶을 남들에게 노출하지 않았다. 그들이 '자신의 인생과 함께' 대상을 바라보고 묘사하고 사유하는 것은 전혀 다른 것이다. 바로 거기에 중심을 차지하지 않은 채 늘 현실 안에 머무르면서 성찰하고, 혼란스럽고 복잡하고 불투명한 사유와 사물에 접근하는 방법이 있다. 바로 거기서 계속 변화하고 변형되는, 닫히지도 굳어버리지도 않은 주체 유형, 대상 유형을 적용하게 된다. 몽테뉴는 『레몽 세봉을 위한 변명』에서 "우리 존재든 사물이든 항구적인 실재는 없다."고 말했다. 방황, 변동, 불연속…. 물론 니체에게서도 유사한 움직임을 확인할 수 있다.

나는 이처럼 열려 있고 늘 움직이는 주체와 대상을 구름의 이미지를 빌려 설명한다. 구름은 윤곽이 선명하지 않고 늘 변하지만, 우리는 그 위치를 알 수 있고 눈으로 확인할 수 있다. 늘 변하고, 공중에 떠다니고, 이리저리 옮겨 다니는 구름을 관통할 수도 있고, 흩어버릴 수도 있다. 아직까지 잘 알려지지 않은 몇몇 다른 속성을 갖춘 구름 객체, 그리고 상호작용하는 일상적 능력(번식하고 말하고 정치를 하는 등)을 갖춘 '구름 인간'을 상상해보자. 이런 구름들 사이의 다양한 관계에 대한 연구에서 '철학적 기상학'이 탄생할 것이다. 국립기관에서는 공식 보고서를 출간할 것이다. 그 출간 일정은 예측하기 어렵겠지만.

솔직히 나는 이 세상 곳곳에서 전쟁과 유혈 사태가 벌어지고 있는데, 도대체 사발이나 리모컨 따위나 관찰하는 일에 무슨 의미가 있는지, 이 체험을 우발적으로 시작할 때부터 의문을 품어왔다. 하지만 사물과 함께하는 이 체험이 아무리 개인적인 것이라고 해도 지금 우리가 속해 있는 이 문명의 전환점과 틀림없이 어떤 관계가 있다고 믿는다.

나는 시간적·공간적으로 멀리 떨어진 문화권에서 온 물건들의 어마어마한 잡동사니 속에서 우리가 어떻게 살아가는지를 이야기했다. 다른 시대에도 사람들은 비슷한 상황을 겪었다. 그러나 어떤 시대에도 사물들이 이처럼 지나칠 정도로 뒤섞여 있고, 급속도로 증가한 적은 없었다. 지금 우리가 사는 이 시대보다 더 많은 사물이 지구상에서 서로 충돌한 적도 없었다. 지금 존재하고 있는 수많은 사물에 매일 수백만의 새로운 사물이 합류하고 있다. 반면에 사라지는 사물들의 수는 훨씬 적다. 우리는 지속적인 사물의 증가를 따라잡지 못한다. 하지만 사물의 이런 급증이 이전과 달리 우리에게 꿈을 심어주지는 못한다. 몇십 년 전만 해도 선진국에서 그토록 붐을 이루었던 소비 열풍은 이제 자취를 감췄다. 하지만 몇몇 개발도상국에서는 아직도 여기저기서 최신 제품, 신제품에 열을 올리고, 새로 지은 하이퍼마켓이 북새통을 이룬다. 대중은 은행잔고를 확인하고, 저금통을 깨고, 꿈을 꾸고, 꿈을 포기하고, 포기하기를 포기하고, 돈을 빌리고, 빚을 지고, 계속 사들인다. 언제나 어디서나 그랬듯이.

이런 양상이 중단될 이유도 없거니와 이를 저주할 이유도 없다. 하지만 부유한 나라, 전반적으로 닥쳐올 상황을 앞서 보여주는 나라들에서는 이런 사물의 과잉 증가가 사실상 무관심 속에서 계속되고 있다는 사실에 주목해야 한다. 사람들은 모든 분야에서 예외 없이 점점 더 그렇게 되어간다는 사실을 알고 있다. 사물의 끝없는 증가는 운반, 저장, 쓰레기, 재활용, 오염 같은 문제를 낳는다는 사실도 알고 있다. 하지만 불안은 희미해졌고, 증가하는 사물은 열광도 예언도 불러일으키지 않는다.

사물에 대한 이런 망각은 나의 체험이 어쩌면 '대항적인 추론'에 따라 생겨났음을 설명해준다. 이 체험은 나 스스로 안심하기 위해, 혹은 환상을 품기 위해 내가 나 자신에게 들려주는 하나의 이야기일 수도 있다. 어쨌든, 나는 사물에 대한 인간의 망각 상태와 혼란에 빠진 인류가 파멸할 수도 있다는 사실 사이의 인과관계를 믿지 않을 수가 없다. 불가능해 보이고 몰상식해 보일지라도 우리는 오히려 사물들, 그것들의 침묵, 그것들의 평화 쪽으로 다가가야 하지 않을까? 사물들은 그들만의 보호 구역, 그들만의 영역, 그들만의 수단을 조직할 수 있지 않을까? 누구를 위해? 그리고 무엇을 위해? 이 문제를 탐색해야 한다. 계속 파봐야 한다.

사물이 전적으로 언어의 밖에 머문다는 사실을 잊지 말아야 한다. 우리가 아무리 그것에 이름을 붙이고, 그것을 묘사해봤자 사물은 근본적으로 우리가 사용하는 언어 밖에서 존재한다. 이와 마찬가지로 사물은 진실 밖에 있고, 참과 거짓의 영역과 무관하다. 문장은 옳거나 그르고,

사유의 내용 역시 그렇지만, 사물은 절대 그렇지 않다. 이런 자명한 이치에서 결론을 끌어낸 적이 있던가? 우리는 언어를 사용하는 이성적인 존재고, 글을 생산하고 진실을 탐구하는 존재지만, 특별한 의식 없이 모든 사회적 기호를 사용하면서 언어의 경계 밖에서 침묵하고 있는 수십억 사물 사이에서 살아가는 존재이기도 하다. 그런데 왜 우리는 이런 사실에 개의치 않을까? 왜 아무 일도 없다는 듯이 행동할까? 왜 아주 가까우면서 근본적으로 다른 이 사물의 세계를 전혀 고려할 필요가 없다는 듯이 살아갈까? 내가 알기로는 쇼펜하우어와 비트겐슈타인 말고는 이런 방향으로 사유의 가닥을 잡았던 철학자는 없었다.

결국, 관건은 미치지 않고 이 길로 어디까지 나아갈 수 있는지를 아는 데 있다. 왜냐면 이것은 말하고, 생각하고, 경험할 수 있는 것 밖으로 향하는 문제이기 때문이다. 경계 저편에 무엇이 있는지는 아무도 모른다. 그렇다면 이 사물들의 나라를 어떻게 탐험할 것인가?

고지도를 보면 길과 지표들이 사라지는 땅의 끝과 황량한 가장자리를 'Hic sunt leones'라는 문구로 표시해놓았다. '여기에는 사자(獅子)들이 있다'는 뜻이다. 길들일 수 없는 존재들이 우글거리는 야성의 나라라는 뜻이리라. 나는 지도—어떤 지도? 내 인생의 지도? 내 정신의 지도? 세계지도?—에 그 지역을 표기할 때 '여기에 사물들이 있다(Hic sunt res)'라고 적어놓고 싶다. 그 가상의 나라는 필연적으로 도달할 수 없는 곳으로 남게 될 것이다. 바로 거기에 사물들이 있다. 언어 밖에, 세상 다른 쪽 기슭에, 어떤 표현도 닿을 수 없는 곳에. 내가 할 수 있는 것은 그곳에 다가가려는 시도뿐이며, 거기서 거울 속 이미지처럼 간접적인 어떤 것을 한 조각이라도 거두려는 노력뿐이다. 마치 우화에서 그러듯이.

이제 어떻게 하나의 사물을 포착하는지를 알아내는 일만이 남았다. 간단하다고 생각하겠지만, 사실 그렇지 않다. 언어는 불분명하고 포괄적이어서 상황, 주제, 사람과 관련된 어떤 것이 거기에 끼어드는 일이 생긴다. 경계를 설정하려면 사물을 '물건'으로 한정해야 한다. 천연 재료도 아니고 살아 있는 유기체도 아닌, 인간의 노동으로 만들어진 제품으로, 보통은 움직이지 않고 파악할 수 있는 사물 말이다. 이런 결정은 단 몇 초 동안만 겨우 마음을 안정시켜준다. 왜냐면 경계가 흐릿한 사물이 너무도 많기 때문이다. 말하자면 마치 내가 확신하지 못하는 몇몇 사물은 어느 정도만 사물인 것처럼 여겨진다.

첫 번째로 비중이 큰 사물, 전형 또는 원형을 만났다. 예를 들어 사발은 모든 용기의 전형을 제시한다. 사발의 폭을 더 좁히고, 속을 더 깊게 파고, 더 높게 만들면 잔의 형태가 나올 것이고, 반대로 폭을 더 넓히고 높이를 낮춰 펼치면 접시의 형태가 나올 것이다. 크기, 깊이, 벌어진 정도에 따라 서로 인접한 가정용 용기들의 전체적인 '한 벌'이 구성된다. '구조'라고 부르는 것과 거의 비슷하다. 체험 초반에 만난 또 다른 사물들은 모으고, 열고, 감추고, 공급하는 기능을 포함하고 있었다. 위상이 다양하지만 모두 확실한 이 사물들은 데카르트의 옛 표현을 빌리자면 '명석판명'하다.

그러나 곧바로 위상을 파악할 수 없는 사물도 있다. 애매하고, 모호하고, 매개적이고, 윤곽을 파악하기 어렵고, 단 하나의 정의나 기능이나 정체성으로 분류할 수 없는 사물이 있다는 것이다. 이중, 삼중의 사물, 일시적으로 소멸하거나 기능이 변하는 사물이 정말 존재할까? 만약 그렇다면 그런 사물이 어디 있는지 나는 모르겠다. 암중모색할 뿐이다.

암중모색

chose (cho-z ), 여성명사, 생명이 없는 모든 것을 불확정적으로 지칭.
— 『리트레』사전

# 13. 침대

아침에 잠에서 깨어,
집에서

모든 사물은 진짜로 사물에 속하는 걸까?

눈을 뜨자마자 이런 엉뚱한 질문이 머릿속에 떠오른다. 이 질문은 내가 보통 잠에서 깨어날 때 빠져 있는 혼란스러운 상태를 부채질할 뿐이다. 아무 준비 없이 세상 한가운데로 뚝 떨어져도 전혀 충격 없이 상황을 금세 파악하는 사람들이 있다는 것을, 나는 잘 알고 있다. 그들은 덧문을 열 듯 간단하게 강을 헤엄쳐 건너편 땅으로 기어오른다. 빠르고 능숙하게. 암중모색하지 않고, 아무 어려움 없이.

돌이켜보면 나는 아침에 일어나는 것이 늘 까다로운 일이 되어왔다. 세상의 아침은 불완전하다. 어렴풋하고 미완성이다. 몇몇 조각과 단편이 있을 뿐, 아직 채워지지 않은 부족한 조각들이 있다. 흩어졌다가 하나씩 제자리를 찾는 퍼즐 조각처럼 사물들은 고유한 리듬에 따라 자리를 잡고, 나는 그 움직임을 가속할 수도, 제어할 수도 없다. 시도해봤지만, 도리가 없다. 아침에 일어날 때면 언제나 이렇게 삐딱한 세상이 내게 닥쳐온다. 제대로 마감되지 않은 이런 세상의 밑그림은 때로 평소와 전혀 다르게 보인다.

예를 들어 모든 사물의 색이나 입체적 성격이 사라져 모두 흑백의 무채색에 평면적으로 변했다고 상상해보라. 혹은 모든 벽보, 표지판, 상점 간판이 전혀 판독 불가능한 외국어로 쓰여 있는 낯선 거리에 있다고 상상해보라. 혹은 평소에 아는 길이지만 짙은 안개로 덮여 지척을 분간할 수 없는 상태로 그 길을 지나가보라. 친숙하던 거리가 갑자기 낯설어지고, 윤곽이 흐려지며, 소리는 다른 음색으로 포근하게 울린다. 이런 상태를 경험해본 적이 있다면 내가 '아침'이라고 부르는 것의 근본적인 개념을 대략 이해할 수 있을 것이다.

오늘 아침은 안개, 타밀어 간판, 흑백영화 같은 분위기였지만 나는 곧바로 일과를 시작하고 싶었다. 모든 사물은 사물로 되어 있을까? 내 침대를 예로 들어보자. 누구나 이것을 '사물'이라고 말할 것이다. 하지만 이 침대에 누워 있는 나는 이것을 단지 사물로만 여길 수 없다. 이 침대를 하나의 사물로 지각하려면 거의 강제적으로 엄청나고 격렬한 노력을 기울여야 한다. 침대는 단순히 하나의 사물이 아니라 공간이 취하고 있는 하나의 자세, 길쭉한 형상이다. 다시 말해 이것은 구조화한 하나의 세상, 형상화한 하나의 공간으로서 매트리스라든가 나무 받침 같은 물질적 실체로만 귀납될 수 없다.

하지만 침대 밖에서 침대를 바라보는 순간, 상황은 전혀 달라진다. 침대를 살 때, 분해할 때, 고칠 때, 포장할 때, 치수를 재고, 무게를 가늠

할 때, 옮길 때(이 문으로 지나갈 수 있을까? 이 복도를 통과할 수 있을까? 이 구석에 들어갈 수 있을까?) 청소하고, 시트를 갈 때 침대는 당연히 다른 사물과 마찬가지로 하나의 사물로서 모습을 드러낼 것이다. 상징, 감동, 추억, 미래로 가득 찬 특별한 사물, 거기서 태어나, 거기서 죽고, 사랑을 나누고, 꿈꾸고, 울고, 휴식하고, 기운을 차리는 사물로서 존재할 것이다. 존재의 모든 시간이 이 한정된 공간에 수용된다. 어쨌든 침대를 조작하거나 외부에서 바라보는 즉시 그것은 하나의 사물일 뿐이다.

그러나 우리가 거기에 눕자마자 침대는 단순한 사물이기를 그친다. 거기서 수평으로 몸을 누이고 뒤척인다고 해서 어떻게 그토록 완벽하게 지각이 바뀔 수 있는 걸까? 왜 그럴까? 침대가 있느냐 없느냐가 문제가 아니라, 거기에 누웠을 때 왜 더는 그것을 사물로 여길 수 없느냐가 문제다. 그렇다면 침대는 사용하는 시간에 따라 달라지는 사물인가? 불규칙적이고 불완전하며 일시적인 용도가 있다가 곧바로 소멸하는 사물일까? 침대를 몸 전체로 느끼는 만큼, 이것은 더욱 이해하기 어렵다. 침대가 머리끝에서 발끝까지 나를 지탱하고 있는 것이 느껴진다. 침대는 등, 엉덩이, 다리를 떠받치고, 나를 쉴 수 있게 해준다.

서 있을 때, 침대 밖에 있을 때 나는 전혀 문제없이 침대를 사물로 인식한다. 하지만 침대에 누워 있을 때에는 의도적으로 의식하려고 애쓰지 않으면 침대를 사물로 인식할 수 없다. 아마도 나를 받치고 있는 이 사물이 사물로서 모습을 드러내지 않기 때문인 듯하다. 의자, 소파, 벤치도 내가 거기 앉거나 눕는 순간, 사물로서의 존재가 잊힌다. 그것들은 내 무게를 받치고 지탱하면서, 내 밑에서 움직이지도, 드러나지도 않은 상태로 있음으로써 희미해지고 존재감이 사라진다. 단지 나를 받치는 기능만이 남아 있을 뿐, 일반적인 물질적 사물과 다른 것이 된다.

　드문 경우는 아니다. 자동차에서 내리거나 자동차 안에 앉을 때 나는 자동차가 하나의 사물이라는 것을 분명히 인식한다. 도로를 달리고, 길에서 흔히 볼 수 있고, 유리창이 달린 철제 상자로 인식한다는 것이다. 하지만 운전을 시작하자마자 나는 그것을 내 몸의 연장처럼, 내 의지에 따라 작동하는 허깨비처럼 인식한다. 이는 사물에 대한 망각이 지탱되고, 유지되고, 이동한다는 사실과 분명히 관련이 있다. 플랫폼에 있는 기차는 하나의 사물이다. 하지만 내가 그 기차에 올라타면 상황은 달라진다. 비행기도 마찬가지다. 공항 활주로에 있는 비행기를 보면 그것이 단지 거대한 쇳덩어리일 뿐이며 지극히 기계적이고 물질적이라는 사실을 발견하고 놀라게 된다. 하지만 일단 기내에 들어가면 단지 엄청난 속도의 위력에 이끌릴 뿐이다.

　서 있을 때와 누워 있을 때 우리는 같은 세상에서 살지 않는다. 두 세상 사이에는 공통점이 거의 없다. 앉아 있을 때의 세상, 무릎을 꿇었을 때의 세상, 웅크렸을 때의 세상도 있다. 이런 세상에는 별로 볼 만한 것이 없다. 수직의 삶과 수평의 삶은 본래 평행을 이룰 수 없다. 침대에서는 공간과 맺고 있는 모든 관계가 변한다. 그러면 시간과의 관계는? 누워 있거나 서 있어도 시간이 똑같다고 확신할 수 있을까? 같은 느낌이 들까? 같은 생각을 할까?

누구도 항상 같은 뜻으로 단호하게 '그렇다' 또는 '아니다'라고 대답할 수 있다는 확신은 없다. 우리는 세상의 연속성과 특이성을 철석같이 믿는다. 하지만 예를 들어 평소에 자주 드나드는 장소에서 바닥에 누워 상하좌우를 둘러보면 과연 이 공간이 그동안 경험해온 것과 '같은' 세상이라고 말하기가 쉽지 않다. 만약 같은 세상이라는 생각이 든다면, 이런 물음을 스스로 던져보라. 어떤 의미에서 같은 세상인가? 이것이 같은 세상이라고 말하는 것은 정확히 무엇을 의미하는가? 다른 세상이라는 것은 무엇인가? 침대나 바닥 위에 누워 내가 다르다고 보는 것이 내가 서서 보는 것과 어떤 연관이 있는가? 이 둘을 하나로 묶는 세상은 어디에 있는가? 그것은 믿음의 대상일까 아니면 지각의 대상일까?

　엄밀히 말하자면 침대는 우주선이다. 두 세상 사이에 있는 우주선.

# 14. 문

사무실에 도착했다. 층계참에 서서 문을 보니 먼지가 내려앉아 있다. 적은 양이지만, 문의 위쪽과 아래쪽 쇠시리에 낀 먼지가 분명히 보인다. 어느 문이나 마찬가지지만, 특히 출입문에 먼지가 끼어 있을 때 언짢은 기분이 드는 이유는 무엇일까.

그것은 문이 예사로운 사물이 아니기 때문이다. 문은 완전히 구분되고 심지어 상반되는 양면이 있는 이중적인 사물이다. 우리는 통로를 '문'이라고 부른다. 벽, 울타리, 담장, 성벽에는 통로가 뚫려 있다. 그래서 문은 통행 공간, 건너는 지점, 계속 이어지는 담벼락이 중단된 지점을 가리킨다. 그런가 하면 문은 통로를 닫고, 구멍을 메우고, 통행을 막는다. 나무, 청동, 강철, 유리로 된 문이 '문'을 막고 있다…. 문은 '문'을 열거나 '문'을 닫는다. 문이 없다면 '문'은 항상 열려 있을 수도 있다.

문은 상반되는 것을 결합하고 일치시키는 사물이다. 우리는 사물이 반드시 있거나 없고, 열려 있거나 닫혀 있고, 비어 있거나 차 있다고 믿는다. 잘못된 생각이다. 문은 동시에 양쪽 모두이기 때문이다. 실제로

84

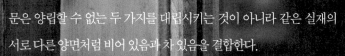

문은 양립할 수 없는 두 가지를 대립시키는 것이 아니라 같은 실재의
서로 다른 양면처럼 비어 있음과 차 있음을 결합한다.

　문은 하나의 사실이 내포한 상반된 성격들을 동시에 표현하는 단어,
우리가 그 특성을 흔히 잊고 있는 단어처럼 기능한다. 예를 들어 라틴
어로 'altus'는 벽의 높이나 도랑의 깊이를 의미하고, 'sacer'는 성스러
운 것과 저주받은 것을 가리킨다. 우리는 이런 양면성과 함께 살아간
다. 그래서 '신성한(sacré) 복음'이라고 말하는가 하면, '끔찍한(sacré) 두
통'이라고 말하기도 한다.

비어 있는 동시에 가득 차 있는 문은 이중적인 사물이다. 경계를 정하기도 하고 무너뜨리기도 하는 사물, 보호하기도 하고 배척하기도 하는 사물, 수용하기도 하고 거부하기도 하는 사물인 문은 동시에 안에도 밖에도 있다. 문을 문제 삼지 않는다면 정신적 편력도 없다. 문의 표상은 신화, 의식, 구원, 해방의 표현에서는 물론이고 멸망의 표현에서도 흔히 찾아볼 수 있다. 왜냐면 문은 앞에 있는 것과 뒤에 있는 것을 결합하고 동시에 분리하기 때문이다. 문은 한쪽만이 아니라 동시에 양쪽에 속한다.

문을 밀 때 나는 세계가 바뀐다는 느낌이 들 때가 있다. 문 바깥쪽은 완전히 다른 세계다. 언어는 이전과 다르게 울리고, 동작도 이전 같지 않다. 다른 세계에 맞게 몸과 생각을 다르게 준비해야 한다. 이것은 실제로 빈번하게 일어나는 현상이다. 그래서 문에서 먼지를 모두 털어버려야 할 필요가 있는 걸까? 모호함에는 청결이 필요하다는 것은 무슨 의미일까?

# 15. 샌들

어느 겨울날 저녁,
집에서

여름에 쓰는 물건들을 일찌감치 정리했어야 했다. 아마도 햇볕이 아쉬워서, 밤에도 스웨터 없이 외출할 수 있는 날씨가 아쉬워서 이렇게 시간을 질질 끌었나 보다. 여름 용품을 정리하는 일은 이 모든 것이 이제 끝났다는 사실, 오래 시간이 지나야 다시 그것들을 누릴 수 있다는 사실을 받아들인다는 것을 뜻한다. 우선 샌들을 상자에 넣는 일로 정리를 시작할 것이다. 샌들은 많은 추억을 담고 있다. 오후가 끝날 무렵 모래밭에서 신고 다니던 즈크 신발은 천의 질감이 발가락을 자극하고 발등에 상처를 냈다. 저녁때 미지근한 비를 맞으며, 그리고 새벽에 밀려오는 파도 속에서 걸어 다녔기에 끈으로 엮은 밑창은 나무처럼 단단해졌다. 암초 사이로 신고 다닌 투명한 플라스틱 샌들 바닥에는 해초가 달라붙어 있다. 파도가 밀려가고 포말이 사라지면 밑창의 홈 안으로 모래, 작은 조약돌, 조개껍데기 조각이 들어가곤 했다. 또한 발가락이나 발목을 끈으로 묶는 남프랑스산 얇은 가죽 샌들은 모래의 열기나 돌 조각으로부터 발을 보호해줬다.

여러 종류의 샌들 중에 나는 이 가죽 샌들을 가장 좋아한다. 가죽 끈과 고리로 연결한 가죽 밑창은 두껍지만 탄력 있고, 단순하지만 튼튼하다. 지난여름 바위가 많은 길을 돌아다녀서 닳고 해진 이 샌들을 정리하면서 불현듯 나는 발이 그대로 드러나는 이 편편한 가죽 샌들과 일반적인 신발 사이의 차이에 대해 생각해본다. 이것은 훌륭한 논술 주제가 될 수도 있을 것이다. '샌들은 신발인가?'라는 주제로 4시간 동안 답안지를 작성해볼 만하다.

1부. 서론: 단순한 사람들은 이 질문에 곧바로 답안지를 작성할 수 있다고 생각할 것이다. 발에 들어맞고, 발을 보호하는(부상, 추위, 먼지 등으로부터) 사물의 부류에 장화, 단화, 나막신, 무도화 같은 것들이 있다고 말할 것이다. 그리고 형태가 개방형이든 폐쇄형이든, 목이 높든 낮든, 재질이 가죽이든 펠트 천이든 플라스틱이든, 이것들은 모두 '신발'이라는 부류에 속한다고 결론지을 것이다.

2부. 전개와 반론: 더 단순한 사람들은 샌들과 신발을 관찰하면서 의심할 것이다. 대부분 남자 신발은 발가락을 노출하지 않는다. 따라서 샌들을 온전한 남자 신발이 아니라 일부가 손실되었거나 초보적인 형태의 신발로 간주한다. 따라서 샌들은 단지 손바닥만 한 가죽이 거의 전부이고 안락함이나 무게감, 품격 같은 것은 찾아볼 수 없이 경박하고 저급한 신발이며, 온전한 상의나 하의라고 할 수 없는 반팔 셔츠, 반바지에나 어울리는 하찮은 여름 용품에 속하는 사물이라고 주장할 것이다.

3부. 반론에 대한 반론, 토론: 단지 성찰할 줄만 아는 더 단순한 사람들, 만약 그런 사람들이 존재한다면 예를 들어 철학자 같은 사람들은 이런 주장에 놀랄 것이다. 사실 추운 지방에서 신는 신발이나 방수·방한 기능이 있고 무거울 뿐이다. 다른 지방에서는 샌들도 신발로서의 품격을 당연히 주장할 수 있다. 심지어 모든 신발의 원조를 자처할 수도 있다. 끈을 느슨하게 매던 그리스의 샌들을 생각해보라. 인도, 이집트, 중국의 샌들을 생각해보라. 세계 역사를 보면 다른 것은 몰라도 샌들만은 있었다.

결론. 관점의 변화: 결국 샌들은 잉여라고 말할 수 있지 않을까? 이 것은 가장 단순한 사람들이 내릴 수 있는 결론이다. 그들은 까마득한 옛날부터 인류가 맨발로 땅과 바위와 모래와 진흙과 풀과 이끼를 밟으며 걸어 다녔다는 것을 알고 있다. 단 며칠만이라도 맨발로 걸어 습관이 들면, 가장 가벼운 샌들조차도 무겁게 느껴진다. 지금까지 했던 모든 이야기에 비추어볼 때 '샌들'이라는 이중적인 사물에 관해 이렇게 이야기할 수 있다. 즉, 샌들은 온전한 신발도 아니고, 신발이 아니라고 할 수도 없으며, 신발을 다른 것으로 생각할 가능성을 의미한다는 것이다.

답안지의 작은 칸들이 거의 다 찼다. 이제 답안지를 제출하고, 채점을 기다릴 시간이다. 요점들을 많이 놓쳤고, 고전적인 인용들(헤르메스, 엠페도클레스 등)이 빠졌다. 특히 전체적으로 샌들이 중개적 교훈을 준다는 점을 파악하지 못했다. 샌들은 '중개'와 '접점'이 어떤 것인지를 가르쳐준다. 즉, 샌들은 자연과 문명이 만나는 지점에서 인간의 발과 자연의 대지를 분리하고, 결합하는 기능을 한다. 샌들은 여러 세계의 경계를 구현하며, 그것들이 공존하고 서로 연결되는 막을 구현한다. 육체와 지면 사이는 물론, 과거와 현재, 수공업과 산업, 동과 서, 남과 북, 추위와 더위 사이에서의 샌들의 존재를 언급하거나 담론을 전개할 수도 있었을 것이다. 그리고 샌들은 또한 움직임, 가벼움, 바람과 관련이 있는데, 세상의 연결점이라는 사실을 주장하지 못할 이유도 없지 않겠는가?

# 16. 포크

오늘 아침, 포크에 관심을 보이는 사람이 나 말고 또 있을까? 포크를 사용하는 사람은 많다. 역사적 가치가 있는 포크를 두고 분주하게 움직이는 골동품 상인이나 박물관 직원 같은 이들은 아마도 포크를 분류하거나, 세척하거나, 복원하고 있을 것이다. 하지만 포크를 성찰의 대상으로 삼아 그것의 형태, 의미, 세상에서 차지하는 위치, 사물의 체계에서 그것이 놓여 있는 상황에 대해 곰곰이 생각하는 사람이 지금 나 말고 또 있을까?

어쩌면 나는 바로 이 순간 이 세상에서 '포크'라는 사물의 존재에 관심을 집중하는 유일한 사람인지도 모른다. 이렇게 가정하면 책임감이 막중해진다. 실패한다면? 이 순간 아무 이해관계 없이, 실질적인 동기 없이 오로지 관념적인 차원에서 이 포크에 주의를 기울이는 이 세상 단 한 사람이 성찰을 거듭한 끝에도 아무런 결론을 얻지 못한다면, 그것은 명백한 실패가 아닐까? 이런 역할을 맡은 유일한 사람으로서 어떤 성과도 내지 못한다면, 이것은 인류 전체의 실패를 의미하는 것이 아닐까? 전 인류를 대변하는 개인의 자격으로 나는 오늘 아침 포크에 대해 '할 말이 없다'는 결론을 내려도 괜찮을까?

'포크'라는 부류 전체의 명예가 실추되도록 내버려둘 생각이 없는 나는 예를 들어 '비교 포크학'의 단초를 제시할 수도 있을 것이다. 포크가 사발과 대립하는 사물이 아니라면, 그 실체는 무엇일까? 오목한 사발이 마음을 편하게 해준다면, 뾰족하고 날카로운 포크는 마음을 불안하게 한다. 사발은 보호하고, 포크는 공격한다. 사발은 모으고, 포크는 찌른다. 최초의 사물인 사발은 예스럽고 흙으로 만들어졌지만, 최근의 사물인 포크는 현대적이고 금속으로 만들어졌다. 포크는 오래전 땅에 박는 쇠말뚝이나 삼지창의 날처럼 불에 단련하고 끝이 뾰족한 물건에서 유래한 것이 틀림없고, 포크가 존재하려면 도공의 기술과는 매우 다른 기술이 필요하다. 그리고 특히 고유한 형태의 사회적 발전이 필요하다.

일부 사회학자들은 르네상스 시기부터 고전주의 시대 사이에 포크가 출현하고 발전하게 된 배경을 기술하기도 했다. 이 기간에 사람들이 식탁에서 침을 뱉거나 트림하는 모습도 사라졌고, 식사하면서 방귀를 뀌거나 소스를 손가락으로 찍어 먹는 모습도 볼 수 없게 되었다. 마음대로 옷소매로 콧물을 훔치지 못하게 소매에 나란히 여러 개의 단추를 달았고(오늘날에도 남성복 정장 소매 끝에는 쓰임새가 전혀 없는 단추들이 나란히 달려 있다), 같은 이유로 손수건이 탄생했다. 그리고 포크가 발명되었다. 이제 더는 손가락으로 고기를 집지 않고, 손바닥에 여러 가지 음식을 올려놓고 입에 털어 넣지도 않는다. 그렇게 인간과 음식 사이에서 간접적으로 중개 역할을 하는 도구가 발명되었고, 거리를 두고 음식을 다루게 되었다. 한 번에 먹을 양을 일정한 크기로 자른 음식물을 포크로 찍어 입으로 가져간다. 구운 고기에 이를 박고, 입술이 말려 올라가고, 목을 따라 육즙이 흐르고 턱을 조여 살점을 물어뜯는 모습은 이제 볼 수 없게 되었다. 깨끗해졌고, 도구를 사용하고, 음식물을 알맞은 크기로 자르고, 멀리서 집는다. 먹는 행위는 음식과 마찬가지로 추상적으로 관념화한 행위, 지극히 가볍고 순화된 행위가 되었다. 이제 포크는 정신적 사물이 되었을까? 알 수 없다.

어쨌든 포크는 현대 과학, 예절과 거의 동시에 태어나 전 세계로 퍼져나갔다. 이것은 '잔인성'에 대한 세 가지 양상과 관련이 있을지도 모른다. 음식물과 거리 두기. 세상을 수리적으로 처리하기. 다른 것들과의 관계에 대해 관습적으로 중립화하기. 이에 대한 방증으로 포크를 사용하지 않는 민족에게는 하나같이 정밀과학도 위선도 없다는 사실을 들 수 있다. '반드시'가 아니라면 '거의' 그렇다고 말할 수 있다.

결론적으로 포크는 이해하기 어려운 사물이고, 이것을 포착하기는 쉽지 않다. 나는 순진하게도 포크가 부엌 식탁 위에 있다고 믿었는데, 그것은 르네상스 시대와 인류학 사이 어딘가에 있다. 내 머리가 모자란 걸까? 그 자체로 충분한, 독립적으로 존재하는 사물이란 있을 수 없는 걸까? 각각의 사물은 필연적으로 어떤 계열의 한 요소일 수밖에 없다는 걸까? 선을 이루는 하나의 점에 불과한 걸까? 일련의 과정 중 한 단계일까? 그것도 아니라면 대체 무엇일까?

# 17. 기차표

기차가 출발하는 순간,
역에서

몇 분 먼저 역에 도착했다. 표는 가지고 있고 커피 한잔 마실 시간이 있다. 커피를 마시면서 나는 기계적으로 기차표를 들여다본다. 거기 인쇄된 글을 해독하기는 처음이다. 역명, 차량 번호, 도착지, 도착과 출발 시각, 객차 등급, 차량과 좌석 번호, 가격, 상단과 하단에 적힌 '잊지 말고 개찰하시기 바랍니다'라는 문구, 누구나 마찬가지겠지만 무슨 뜻인지 알 수 없는 일련의 숫자들…. 이 숫자들이 표에 찍혀 있으니, 어떤 기계, 어떤 기억 장치에 이 일련번호가 저장되어 있으리라고 이성적으로 추정할 수 있다.

이번에는 기호에 별로 신경 쓰지 않고 나는 표를 관찰한다. 두꺼운 직사각형 종이, 갈색 마그네틱테이프가 붙어 있는 표의 흰색 뒷면, 앞면은 베이지색과 분홍색 중간쯤 되는 색을 띠고 있다. 이 종잇조각은 다른 종잇조각과 마찬가지로 접을 수도 있고, 자를 수도 있으며, 태울 수도 있다. 어쨌든 이것은 특이한 유형에 속하는 사물이다. 널리 퍼져 있지만, 이런 유형은 사실 어떤 다른 사물과도 닮지 않았기에 특이하다. 이것은 오로지 다른 가치, 다른 서비스와 교환하는 데에만 쓰인다. 하지만 이 티켓이 여행하는 데 쓰인다고 말한다면, 그것은 지나친 말이다. 왜냐면 나를 한 장소에서 다른 장소로 이동하게 해주는 것은 티켓이 아니라 기차이기 때문이다. 그럼에도 이 티켓이 여행하는 데 쓰인다는 것은 틀림없는 사실이다. 내가 좌석 값을 치렀다는 것을 증명해서 내가 기차에 탈 수 있게 해주기 때문이다. 상업적인 관점에서 나는 이 기차의 어느 객차, 어느 좌석의 합법적인 이용자다. 모두가 아는 것처럼 나는 돈과 이 티켓을 교환했고, 그다음에는 이 티켓과 여정을 교환했다.

운송수단(기차, 비행기, 배)의 티켓은 다른 온갖 종류(지하철, 버스는 물론 극장, 연극, 전시회, 콘서트 등)의 수많은 티켓과 마찬가지로 상거래의 표시이며 그런 기능을 하기 위해서만 존재한다. 이런 티켓의 소유는 사회적으로, 지리적으로 정해진 구역 안에서만 쓸모가 있다. 뉴욕 지하철 티켓을 가지고 파리에서 할 수 있는 일은 아무것도 없다(반대의 경우도 마찬가지다). 이런 표와 티켓은 일반적으로 유효기간이 짧아서 하루 또는 1개월용으로 발매된다. 일단 기한이 지나면 그것들은 휴지나 다름없다. 이것은 누구나 다 알고 있는 사실이다.

그런데 내가 이 기차표와 그 대가로 받은 것 사이의 관련성을, 비록 아주 사소한 것이라도 발견한 적이 있던가? 조금 있으면 여기서 남동쪽으로 5백 킬로미터 떨어진 곳에 있으리라는 사실과 이 사각형 종잇조각 사이에는 어떤 관련이 있을까? 내가 기차표를 가지고 런던에 가거나, 베를린에 가거나, 코펜하겐에 가는 것과 각각의 표가 생긴 모양새에는 주목할 만한 어떤 차이도 없다는 사실을 누구나 알고 있다. 이와 마찬가지로 도쿄행 비행기 표는 근본적으로 샌프란시스코행, 바마코행, 리마행 비행기 표와 겉모습으로는 전혀 구분되지 않는다. 그리고 어떤 지폐도 그것과 교환해서 얻는 수많은 상품 중 어느 것과도 구별할 수 있는 유사성이 전혀 없다.

기차표도 지폐도 전형적으로 매우 애매모호한 사물이다. 어떤 의미에서 볼 때 이것들은 사물이 아닌 사물이다. 이런 사물은 표면에 어떤 기호가 표시되자마자 그 물질성을 잃고, 사회적으로 순전히 어떤 기능을 구현하는 가치가 될 따름이다.

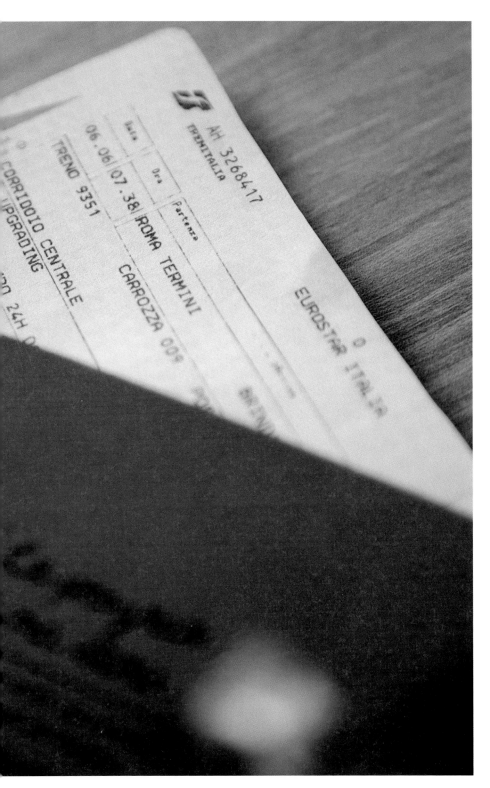

# 18. 다기

두 건의 약속 사이,
호텔에서

두 건의 약속 사이에 딱 차 한 잔을 마실 수 있는 시간이 비었다. 차를 마신 지가 오래되었다. 왜 그렇게 되었을까? 그리고 지금 오랜만에 차를 주문하는데, 이것은 또 무슨 까닭일까? 이처럼 알 수 없는 것이 많다. 예를 들어 무언가를 하다가 더는 하지 않게 되는 경우, 중단했던 것을 다시 시작하는 경우에 그 까닭을 알 수 없을 때가 많다는 것이다. 의식한 상태로 받아들였고, 자연스럽게 선택했다고 여기는 우리의 결정이 대부분 모호하고 이해할 수 없는 상태로 남아 있다. 조금 전에 차를 주문했는데, 그동안 내가 왜 차를 마시지 않았는지를 도무지 알 수 없다는 생각이 자꾸 떠오른다. 전에 나는 차를 즐겨 마셨고, 수년간 하루에도 몇 잔씩 마셨다. 그러다가 어느 날부터인가 커피만 마시게 되었는데, 왜 이런 변화가 생겼는지를 생각해본 적은 없다. 그런데 이곳에서 나는 왜 주문했는지도 모르는 차가 나오기를 기다리고 있다. 갑자기, 아무 이유 없이, 그저 차를 마시고 싶어서? 그렇게 생각하면 마음은 편하겠지만, 맞는 답은 아닌 듯싶다. 분명히 어떤 이유가 있다.

하지만 나는 분명히 그 이유를 모른다. 그러니 참아야 한다. 떠오르는 생각을 과장해서 떠벌리지 말고 무시해야 한다.

종업원이 쟁반을 들고 와 다기를 테이블에 놓고 간다. 볼품없는 호텔이지만, 이곳에는 은 식기와 관행이라는 것이 있다. 다기는 누비질한 천으로 싸여 있는데 온기를 더 오래 유지하기 위한 방편이다. 좀 우스꽝스럽지만, 좋은 의도에서 나온 배려다. 천에 싸인 흰색 도자기는 순박하고 투박스럽기까지 하지만, 동글동글하고 포동포동해서 살쪘다고 말해도 좋을 성싶다.

그런데 이 다기 때문에 당혹스럽다. 다기의 특징은 무엇일까? 진화의 법칙에 따라 여러 세대를 거치면서 주둥이와 손잡이와 뚜껑이 덧붙여진 사발의 후손이 아니겠는가? 하지만 이런 대답으로는 설명이 충분하지 않다. 사발 모양은 다른 많은 사물에서도 찾아볼 수 있다. 다기에는 다기만의 특징이 있다. 그 특징은 어떤 것일까? 틀림없이 기능적인 부분과 관련이 있다. 다기는 찻잔 이전의 사물이며, 기능적인 순서로 따져보자면 주전자와 찻잔 사이에 있다. 세상에는 그 자체로는 서로 직접적인 연관이 없지만, 우리의 연속적인 행동 때문에 운명적으로 연결되어 있는 사물들이 있다. 시리얼 사발이나 계량용 사발에 고유한 기능이 있듯이 다기에도 끓는 물에 찻잎을 담가 우려내는 특별한 기능이 있다.

다기의 작업은 낯설다. 움직임도 소리도 없이 오로지 열과 시간과 폐쇄된 내부에 바탕을 두고 작동하기 때문이다. 눈에 보이지 않는 내

부에서 '작업'이 진행되는 대지나 인간의 배나 머리 같은 생산적인 영역에서는 그 작업 시간을 단축할 수 없으며, 다기 또한 이런 계통에 속한다.

그리고 다기는 사용한 흔적이 고색의 미세한 침전물로 남아 있는 사물이다. 담뱃대, 접시, 타일처럼 내부의 얇은 갈색 막 아래 시간의 흔적이 새겨진 사물들의 조상이다. 이런 사물들은 완성된 상태로 존재하는 것이 아니라 지속적으로 진화한다. 닳아서 해지기보다는 오히려 두꺼워지고 더께가 앉는다. 시간이 흐르면서 선이 더 원만해지고 광택도 달라진다. 결코 완성되지 않으며 점점 미끈해지고 끝없이 농밀해진다.

# 19. 컴퓨터

어느 겨울밤,
집에서

환하다. 빛이 일정하다. 컴퓨터는 플라스틱, 배선, 프로세서, 키보드, 부속품 같은 것들이기 이전에 빛이다. 이것이 변함없는 특징이다. 전송하는 것과 무관하며 변화가 없다. 텍스트, 이미지, 숫자, 음악, 영화, 계산, 업무, 오락, 진행 중인 작업, 검색, 친구들과 주고받은 메시지, 정보, 초안, 완성된 텍스트, 발견, 오류, 다운, 프로그램 충돌, 반복 작업, 고장이야 어떻든 간에 컴퓨터는 빛이다. 의연하며 대기와 같다. 각각의 내용물과 분리될 수 없고, 모니터 화면에서 텍스트나 이미지와 완전히 융합되어 있지만, 어쨌든 그것들은 어느 것과도 서로 섞이지 않는다.

오늘 저녁 컴퓨터를 켜면서 나는 이 빛이 컴퓨터와 의식을 얼마나 가깝게 하는지를 어렴풋이 느낀다. 컴퓨터에 후광 같은 빛이 없었다면, 우리는 이 기계와 전혀 다른 관계를 맺었을 것이다. 그런데 집요하고 끈질기고 더없이 수수하고 어스름한 회색빛 아우라 때문에 이 사물은 분류하기 어렵다. 의식의 복제물 같다. 끝없이 명멸하는 빛 때문에

우리는 무의식적으로 컴퓨터를 우리 정신의 연장으로 생각하는 경향이 있다.

제2의 두뇌. 부록, 연장…. 매번 이 사물이 작동할 때마다 나는 내 영혼의 한 부분이 가동되는 듯한, 거의 물리적인 느낌이 든다. 나에게는 그런 형태로 실현할 수밖에 없는 생각, 글, 책 전체가 이 기계에 달려 있다. 기계를 열거나 닫고, 전원을 켜거나 끄고, 전압을 넣거나 빼고, 환하거나 어둡거나, 접근이 허용되거나 금지되는 상황은 매번 우리 인식의 장을 확장하거나 제한한다.

반은 사물이고 반은 생물인 이 기묘한 물체는 돌연변이에 모순적인 존재며, 중개자인 우리의 사물이고, 우리 세대의 사물이다. 다음 세대는 기계를 더 잘 다루고, 더 직관적으로 파악할 것이며, 어른이 되어서야 이 기계를 접하고 배워야 했던 우리보다 더 창의적이고 더 새로운 방식으로 사용할 것이다. 그러나 우리 세대는 이 정보 처리 관련 사물과 독특한 관계를 맺고 있다. 우리는 읽고 쓰는 법을 완전히 다른 식으로 배웠다. 책, 공책, 잉크, 수정하기 위해 그은 줄, 얼룩. 오랜 시간이 지나 어른이 된 우리는 종이에서 자판으로, 펜에서 화면으로 옮겨 가야 했는데, 사실 이런 변화가 우리를 어디로 이끄는지도 정확히 알지 못했다.

　이미 오래전 일이지만, 내가 처음 이 사물과 만났을 때 나는 글을 먼저 종이에 펜으로 쓰고 나서 나중에 자판을 두드려 입력하느라 적지 않은 시간을 들였다. 이 빛나는 사물을 마치 발전한 형태의 타자기처럼 최종적으로 글을 정서하고 수정의 흔적이 남아 있지 않은 깔끔한 결과물을 만드는 용도로만 사용했다. 그러다가 어느 날 나는 중대한 결정을 내렸다. 종이 한 장에 짧은 메모 세 줄을 쓰고 나서 손가락을 자판에 올려놓고는 모니터를 보면서 나머지 글을 써서 원고를 완성했다. 그 뒤로 몇 시간, 몇 주, 몇 달, 몇 년이 흐르면서 나는 기사, 강의, 논문, 출간 원고를 그렇게 직접 입력했다. 급히 적어놓는 단어나 숫자, 메모를 제외하고는 언제부터인가 거의 모든 글을 손으로 쓰지 않게 되었다. 이제 글을 쓰려면 모니터 앞에 앉아야 한다. 그러지 않으면 글의 적절한 호흡, 유려함이 사라진다. 또 명료함, 검사, 조판된 면으로 어림잡기, 식자, 행 길이 정리, 면의 양식도 사라진다. 이런 습관 때문에 문체에 영향을 받으리라고는 생각하지 않는다. 어쩌면 더 빠르게 글쓰기를 마칠 수 있고, 글도 확실히 더 깔끔할 것이다. 그러나 그 밖에 달라질 것은 전혀 없다.

왠지는 모르겠으나 어느 날부터인가 나는 갑자기 다시 손으로 글을 쓰기 시작했다. 그 이후로 어떤 작업은 컴퓨터로, 또 어떤 작업은 손으로 한다. 그냥 그렇게 글에 따라 작업 방식을 선택한다.

우리 세대 사람들은 한 발은 가상현실의 세계에, 다른 한 발은 잉크와 종이에 세계에 걸치고 있다. 또 한 발은 책, 종이, 책꽂이, 윤전기, 신문, 가판대 같은 옛 영역에, 다른 한 발은 모니터, 서버, 웹사이트와 같은 새로운 영역에 들여놓고 있다. 이 영역의 특징은 직접성, 지역성 해소, 순수한 정보의 실시간 이동 같은 것들이다. 두 세계 사이에는 스캐너, 디지털화, 문자 인식과 같은 여러 개의 출입구가 있다. 과거 세계는 이런 문들을 통해 이름 없는 새로운 사물 속으로, 글과 분리되지 않은 상태로 하나의 거대한 층을 형성하는 유동적이고 포괄적인 이 사물을 거쳐 지나간다. 이 무한한 언어 구름은 많은 놀라움으로 가득하다. 그것은 폭풍에 흔들리고, 기류와 단층에 휩쓸린다. 컴퓨터는 판형 건축 구조, 대륙의 이동, 종의 진화를 상징한다. 어제의 컴퓨터, 낡고 자폐적이었던 상자는 이제 문화의 혼합을 향해 열린 창이 되었다. 거기에는 생명이 편재하고 있다. 그 증거가 바로 바이러스다. 바이러스의 존재는 오염되고, 병을 일으키고, 변종을 만들어내고, 구속받는 실제 생명에 컴퓨터의 세계를 근접시킨다. 의식에서 벗어난 영원한 예측의 토대 위에, 그 일률적인 빛으로.

# 20. 스펀지

어느 날 아침,
욕실에서

　절반은 살아 있고, 정체가 모호한 사물 중에서 스펀지를 빼놓을 수 없다. 세면대를 청소하다가 갑자기 그런 생각이 들었다. 무언가를 빨아들이는 사물은 비교적 드물다. 그중에서도 스펀지에는 거의 무한정 빨아들이고 내뱉는 능력이 있다. 스펀지는 흔적, 찌든 때, 얼룩을 삼키고 지워버리고, 제거하고 또 제거한다. 스펀지는 컴퓨터와 다른 방식으로 기억에 접근하게 한다. 컴퓨터는 모든 정보를 일련의 1과 0으로 변환시켜서 2진법으로 정확하게 기억을 저장해두지만, 스펀지가 기억하는 방식은 전혀 다르다. 스펀지는 젖어들고, 빨아들이고, 모든 구멍을 통해 스스로 부풀어 오른다. 스펀지도 사발처럼 액체를 저장하지만, 그것을 자기 내부, 자기 살 속에 담는다. 기억을 보존하는 방식도 컴퓨터와는 매우 다르다. 스펀지의 기억은 빨아들이고, 삼키고, 안으로 받아들여 섬유 깊은 곳에 침투하게 하며, 자발적으로 충만해지고, 물들고, 씻겨 나간다. 스펀지는 '가지고 있음으로써' 기억한다. 자체적인 내부 조직에 우리가 짐작하는 것 이상으로 많은 것을 저장한다.

어쩌면 우리 삶도 스펀지 같은 것인지도 모른다. 컴퓨터처럼 모든 것을 암호화하고 해독할 수는 없지만, 그리고 스펀지처럼 모든 것을 안에 품고 살아갈 수는 없지만, 장소, 감정, 사물, 냄새, 순간 같은 모든 것을 신경섬유 속에 축적한다. 모두 재현할 수도 없다. 열려 있고 순환한다. 모든 것이 잠시 머물다 사라지는 스펀지와는 다르다.

# 21. 냉동고

낮이 저물 무렵,
부엌에서

스펀지로 냉동고를 닦는다. 소스를 쏟았다. 에나멜 처리된 흰 표면에 소스가 갈색 얼룩을 남겼다. 하지만 이 얼룩은 스펀지가 곧 흡수해서 지워버리고, 냉동고는 마치 아무 일도 없었던 것처럼 이전 모습을 되찾아 눈처럼 흰 금속성 표면은 다시 반들반들해질 것이다.

냉동고는 신비한 기계다. 냉동고는 우리를 당황하게 하고, 암중모색해야 접근할 수 있는 불가사의한 사물의 부류에 속한다. 표면, 윤곽, 문, 내부, 모든 것이 그렇다. 확실하고 분명하게 알 수 있는 것은 아무것도 없다. 스스로 자신을 둘러싸고 닫아버린 신비스러운 상자다. 그래도 우리는 이 사물에 곧 익숙해지지만, 이것이 어떻게 작동하는지를 정확하게 아는 이는 드물다. 냉기는 어떻게 만들어지고, 어떻게 지속할까? 냉동고는 어떻게 그토록 강력한 냉기를 만들어낼 수 있을까? 다른 방법으로 보관하면 곧 부패하는 식품을 냉동고는 어떻게 몇 달씩이나 보존할 수 있을까? 하지만 냉동고의 활약에 익숙해진 우리는 이런 사실에 더는 놀라지 않는다. 그러면서도 냉동고에 대해 아무것도 이해하지 못한다. 물론 기술자나 생물학자처럼 그 원리와 이유를 알고 있는 사람들이 있기는 하지만 그리 많지 않고, 그들의 역량 또한 필연적으로 한정되어 있다. 누구나 모든 것을 알 수는 없다.

냉동고의 기능을 아는 사람은 텔레비전이나 컴퓨터, 보일러의 기능을 모를 수 있다. 이런 마법 상자들 중 하나의 비밀을 안다고 해서 다른 것들의 비밀도 반드시 안다고 말할 수는 없다. 이것은 세상에서 가장 널리 퍼진 무지이며, 이처럼 우리가 알 수 없는 것들은 과학과 기술의 발전에 따라 피할 수 없이 늘어난다. 효율적이고, 정밀하고, 메커니즘이 더없이 복잡한 사물이 늘어날수록 우리는 점점 더 무기력해지고 멍청해질 뿐이다. 전문적인 지식을 갖춘 몇몇 사람만이 설명할 수 있는 성능을 지닌 이런 '닫힌' 사물을, 우리는 마치 어린아이처럼 그것에 대해 아무것도 모르면서 일상적으로 아무 문제 없이 사용하고 있다.

하지만 우리는 이런 사실을 인정하고 싶어 하지 않는다. 우리가 사는 세상의 투명성을 빼앗기고, 수동적으로 무지하게 살아가는 자신과 대면하는 일이 유쾌하지 않기 때문이다. 이런 자각은 초라한 자신의 존재를 확인하는 과정이나 다름없다. 우리는 단편적인 경험이나 설명, 애매한 이야기, 무지의 어둠 속에서 조작한 하찮은 신화들로 그 지식의 공백을 어렴풋이 메우며 살아간다. 비웃음과 두려움 사이에서.


냉동고를 처음 본 사람은 감탄한다. 생선, 고기, 채소 등 어떤 음식이든 안전하게 보관하다가 언제든 원할 때 꺼내 먹을 수 있다니, 이보다 더한 행복이 있을까? 그렇다. 이것은 시간, 부패, 죽음에 대한 행복한 승리다. 게다가 치명적인 시간의 작용을 정지시키는 이 대단한 기계는 식료품만이 아니라 우리가 정성 들여 만든 음식도 보존해준다! 물론 이 기계는 육면체 모양의 수프, 덩어리가 된 소스, 깨뜨려 먹어야 하는 주스, 돌처럼 딱딱한 살코기 같은 괴물들을 낳았다. 액체가 고체가 되고, 말랑말랑한 것이 딱딱한 것으로 변했다. 완두콩은 조약돌이 되었고 생선은 장작이 되었다. 냉동고는 연금술의 도구일까? 물질을 변환시키는 기계일까?

히말라야의 시킴 왕국과 그곳의 버팀벽이 생각난다. 나는 거기서 라마교 승원 입구 버팀벽에 그려진 그림들을 보면서 불교에는 심한 추위로 고통받는 여덟 가지 지옥, 즉 팔한지옥(八寒地獄)이 있다는 것을 알았다. 서양인들의 지옥은 언제나 잉걸불과 업화의 불길에 휩싸여 있어 모든 것이 뜨거운 불에 타버린다. 하지만 티베트 불교에서는 불지옥도 있지만, 죽은 자의 몸이 얼어붙어 시퍼렇게 변하고 돌덩이처럼 굳어버리는 얼음 지옥이 있다. 냉동고는 바로 이런 계열에 속한다.

냉동고에서는 흰 문과 에나멜로 봉인된 정적, 죽음의 변경에 있는 아득한 세상, 중단된 생명, 추위로 얼어붙은 부동의 시간이 펼쳐진다. 여기서 얽히고설킨 의문들이 고개를 든다. 열은 생명을 죽이는 것인가? 냉기는 시간을 멈추는 것인가? 그렇다면 왜? 생명과 온도, 죽음의 관계는 무엇인가? 냉동 배아에 있는 것은 정확히 무엇인가? 생명의 씨앗인가? 아직 살아 있는 것도 아니고 완전히 죽은 것도 아닌, 그 냉동 용기 안의 현실은 무엇인가? 이 딱딱하게 굳은 미완의 생명은 존재의 어떤 층위에 머물러 있는 걸까? 냉동고는 왜 죽음과 거래하는 반(反)시계가 되었을까?

# 22. 휴대전화

두 건의 약속 사이,
계단에서

계단을 막 내려가려던 참에 주머니에서 벨이 울린다. 벨은 언제나 어떤 순간에 울린다. 휴대전화는 언제 어디서든 누구하고나 소통하게 해준다. 그래서 찬사를 받지만, 솔직히 말해 최악의 사물 중 하나다. 이 사물에도 '도움'과 '구속'이라는 두 얼굴이 있다. 놀라운 편리성, 근접성, 편재성이 있지만, 그에 못지않게 견딜 수 없는 괴로움을 준다. 우리가 어디서 무엇을 하는 중이든 간에 급히 말을 전하고, 정보를 듣고, 업무를 지시하고, 교섭을 제안하고, 소식을 전하거나 묻고 싶어 하는 사람들이 소통을 원한다는 사실을 알리려고 주머니에서, 가방에서, 자동차에서, 손아귀에서까지 엉뚱한 멜로디를 울리거나 진동하거나 깜빡인다.

요즘에는 손목시계를 휴대전화로 대체한 사람이 많아졌지만, 끈질기게 따라붙는 이 기계들에 우리는 가차 없이 구속당한다. 이 둘을 비교해보면 손목시계는 덜 사적이고, 안정적이고, 일관성이 있지만, 휴대전화는 사용자의 목적, 필요, 취향에 따라 외양도 달라지고 사용하

는 기능도 달라지며, 무엇보다도 예측할 수 없는 상황에서 우리를 동요시킨다. 대부분 '휴대전화'라는 사물과 전혀 상관없는, 경우에 따라서는 그것의 사용이 용납되지 않는 활동과 사고와 장소에 불쑥 튀어나와 갑작스럽게 우리를 방해한다.

휴대전화에는 전화기와 비슷한 메커니즘이 있다고 말하는 사람도 있다. 누군가가 예고도 없이 한밤중에 불쑥 집으로 찾아온다든가, 염치없이 남의 사생활에 끼어들어 사설을 늘어놓는 등 인간관계에서 일어나는 '폭력적인' 형태의 특별한 상황 말이다. 생각에 잠긴 사람이 무언가 중요한 사실을 깨닫는 순간, 혹은 시작한 일에 열중해 막바지에 다다랐을 때 벨소리가 울려 생각을 방해하고 일의 리듬을 깨지만, 전화기는 이런 상황에 대해 일말의 배려도 사과도 없다. 그나마 전에 일반 전화기를 사용하던 시절에는 전화기에서 멀리 떨어져 있을 수 있었다. 벨소리가 들리면 전화기가 있는 곳으로 가서 수화기를 들고 통화를 끝내고 돌아오는 상황을 의도적으로 피할 수 있었다. 하지만 휴대전화는 잠적을 용납하지 않고, 전화한 사람은 이런 반응의 의미를 자의적으로 해석하고 판단하기도 한다.

하지만 상황이 이렇게 돌아가지는 않는다. 예기치 못한 순간에 아무데서나 불쑥불쑥 음성이 난입하는 상황을 피하는 교묘한 수단이 마련되어 있기 때문이다. 음성 메시지, 문자 메시지, 번호 호출, 그리고 다른 여러 가지 기능이 대응을 즉각적으로 하지 않고 나중으로 미룰 수 있게 해준다. 그럼에도 우리는 대부분 곧바로 휴대전화를 들여다본다. 고의적으로 응답하지 않는 태도에 대한 일말의 죄의식을 느끼면서도 그렇게 행동하는 이유는 항시적이고, 영속적이고, 무한하고, 지속적인 '연결'이라는 휴대전화의 기본 원리, 존재 이유 때문이다. 휴대전화가 제공하는 서비스, 이메일, 음성메시지, 팩스, 뉴스, 사진, 동영상, 음악, 텔레비전, 영화, FM 라디오, 날씨, 증권 시세, 게임, 홈쇼핑, 건강 정보, 위험할 때 보낼 수 있는 긴급구조 메시지는 살아남는 데 필수적인 모든 것이다. 단지 절대적이고 유일한 계율은 연결이 끊겨서는 안된다는 것이다.

휴대전화는 내부와 외부를 만들어낸다. 앞서 살다 간 사람들은 지금과 다른 세상에서 살았다. 그들은 외부에 있고 우리와 연결이 끊겨 있다. 지금 관점에서 보면 그들은 자신이 무엇을 하고 있는지를 알지 못했다. 그들은 전파가 닿지 않는 산간이나 연안 지역에 살던 옛 인류처럼 사라져버렸다. 전파가 닿는 범위가 확대될수록 이 외부는 점점 줄어든다. 몸집이 점점 작아질수록 기능은 점점 확장된다. 휴대전화는 소통을 위한 사물이며 고독을 위한 기계다. 언제 어디에서나 자유롭게! 이것이 가장 작고 보편화된 자동제어 장치의 모토다.

이 체험이 계속되면서 생각보다 많은 문제가 제기된다는 사실을 깨닫게 된다. 요점을 정리해보려고 하지만, 모든 것이 점점 더 불확실해질 뿐이다.

사실 나는 하나의 사물이 어디서 시작되고, 어디서 끝나는지 모른다. 경계가 뚜렷하지 않기 때문이다. 마치 사물들 안에 우리가 세운 불분명한 경계가 있고, 우리 안에 사물들이 널려 있는 것만 같다. 그런 사물 사이에는 언제나 충돌이 있었다. 예를 들어 추억이 깃든 사물들 사이에, 아버지의 유물들 사이에, 내가 사랑했던 여자나 여자들의 소유물들 사이에, 그것을 준 사람들의 흔적을 간직한 선물들 사이에, 휴가 여행 때 가져온 기념품들 사이에, 산책하면서 주운 돌멩이나 먼 데서 가져온 사소한 잡동사니 사이에는 온전히 정돈되지 않은 무언가가 있었다. 사물에는 늘 사람과 장소가 연관되어 있었다. 하지만 그것은 심리적인 문제, 관념들의 결합, 기억의 메커니즘일 뿐, 아무도 사람과 사물을 혼동하지는 않았다.

사물 사이에는 근본적인 차이가 존재한다는 주장이 있었다. 인간은 이성, 의식, 의지, 자유, 언어를 타고나지만, 사물에는 이런 것이 없다. 그래서 사람들은 인간에게 권리와 의무가 있고, 존중받아야 하지만 사물은 그렇지 않다고 믿는다. 이 문제에 관해 칸트의 저술, 로마법, 그리고 몇 권의 책을 읽어볼 만하다. 오늘날에는 모든 것이 훨씬 덜 단순하다.

사람과 사물이 서로 복잡하게 얽이고 혼란이 자리 잡는다. 우리는 이제 사랑하는 사람과 그를 둘러싼 사물 사이의 근본적인 차이를 더는 감지하지 못한다. 페티시즘이 일상화하고, 인간을 한 사물에 연관된 다른 사물로 간주하는 사례를 종종 볼 수 있다. 예를 들어 소비자는 금전등록기와 연관된 신용카드, 시청자는 케이블 텔레비전 수신 장치에 연관된 리모컨으로 대표되곤 한다.

과장해서 말하자면, 언젠가 사물에 선거권을 주고, 사물이 초상권을 주장하고, 체포되면 변호사를 선임하는 날이 오는 것은 아닐까? 이미 광범위하게 시작된 이런 변화는 강제 수용이나 집단 학살, 보철이나 인공 삽입물의 증가, 보편화되고 확산되어 피할 수 없는 추세가 된 생체 복제와 같은 흐름을 보이고 있지 않은가? 그러나 이것 역시 너무 단순화한 시각일 것이다. 상황은 훨씬 더 예측 불가능하게 뒤얽혀 있고, 사물과 인간의 변별성이 모호해지는 현상도 늘어나고 있다.

사물 사이의 경계보다 더 관심이 가는 곳은 바로 사물들이 주름처럼 겹치는 지점이다. 나는 사물들이 어떻게 접히고, 어떤 옛 단어들이 그런 주름을 포함하고 있는지를 알고 싶다. 그러려면 이상적인 경우이기는 하겠지만, 각각의 사물과 함께 압축되고 뭉개져서 거의 알아볼 수 없게 된 단어들에 포함된 그 주름을 다시 펼 수 있어야 할 것이다. 어떻게 할 것인가? 사물의 세계에는 끝이 있고, 그 지점을 또 다른 세계가 시작되는 곳으로 간주해도 될까? 아니면 그것은 포착할 수 없는 세계일까? 그것도 아니라면, 더 좋은 것인지 더 나쁜 것인지는 알 수 없지만, 끝이 무한히 많고 어디에서 어떤 사물이든 상관없이 무차별적으로 그 끝을 잡을 수 있는 세계일까? 결국 어떤 사물도 다른 사물 이상도 이하도 될 수 없다. 모든 사물이 그 나름대로 고유하다. 사물이 무엇인지를 알고 싶다면 말을 걸어볼 일이다. 칫솔은 소파와 똑같이 가치 있고, 와인 오프너는 컴퓨터와 똑같이 가치 있다. 비록 보편적인 일반성이라는 것이 쉽게 예견할 수 있는 초라한 것이라고 해도 말이다. 그러나 다른 어떤 것과도 같지 않은 특정한 하나의 사물이 어떻게 지내는지를 아는 것이 관건이라면, 사정은 달라진다. 거기서 우리는 약간은 운에 기대면서 주름들 사이로 끼어든다는 희망을 품을 수 있다.

어쩌면 방법이 없다고 결론지어야 할 것이다. 어쩌면 하나의 사물을 완전히 이해하겠다는 생각은 오만한 망상인지도 모른다. 전혀 알지도 못하면서 안내서도 없이 어떤 경험을 시도하기는 당연히 곤혹스럽다. 우연한 관찰로 시작되어 정해지지 않은 규칙에 따라 있을 법하지 않은 결과를 얻는다면, 이것은 비과학적인 체험이 되어버린다. 목적지가 어디쯤 있는지, 거기서 무엇을 찾으려는지도 모르는 채 탐험을 나서는 것과 같다.

이런 탐험은 위험할 수도 있다. 처음에 나는 놀이처럼 그저 시험 삼아 해보는 체험이라고 생각했다. 이것 봐, 참 흥미롭군, 그래, 한번 해볼까? 나는 이 체험이 결국 내가 예상한 대로 전개되리라고 믿었다. 그러나 도중에 나는 이것이 생각과 달리 단순하지도 않고, 어쩌면 생각보다 순수하지 않을 수 있다는 것을 인정하게 되었다. 사물이 된다는 것은 비인간적이 되고, 생명의 영역에서 나온다는 의미로 귀결된다. 우리는 모두 예외 없이 시체라는 사물이 될 운명이지만, 그 안에 접근하려고 시도할 때

과연 어떤 종류의 위험을 감수하게 될까?

어떤 인간도 풀 수 없었던 이 수수께끼의 답을 찾기는 불가능하다. 하지만 나는 최소한 사물의 불가사의를 다시 말하기 시작하고, 여러 면에서 접근해보며 그 가장자리에서 약간의 설명을 제시하기를 바랄 뿐이다. 전진한다는 것은 이 끝없는 길에서 한 걸음 내디딘다는 것을 의미한다. 몇 시간 며칠을 때로는 성과도 없이, 때로는 빈약한 결과를 위해 탐색하는 일을 무릅쓰고 말이다. 우리는 이 희한한 추적에서 무엇이 사냥감인지, 어떻게 그것을 붙잡을 것인지를 전혀 알지 못한다. 언제 사냥이 끝날지조차 모른다. 진실일 수 있는 것을 끝내 알아내지 못할 수도 있다. 그렇긴 하지만 그것을 포착하려고 애쓴다. 결국 우리는 어떤 범위에서 그것을 포착할 수 있는지 모르거나 아니면 기절한 미끼만을 의기양양하게 붙잡고 있을 뿐이다.

하지만 이런 쓰라린 경험도 사냥의 열기를 결코 억누르지 못한다. 불확실하고 일시적인 진실의 일부를 얻기 위해 존재 전체를 건다고 해도 그것이 비싼 값을 치르는 것은 아니다. 분명히 이것은 비상식적인 일이다. 철학자를 자처하는 사람들은 항상 빠져나가기만 하는 앎에 대해 공통적으로 미칠 듯한 욕구를 느낀다. 그들은 그것이 허망한 일인지 아닌지도 모르는 채 진실을 일생에 단 한 번 힐끗 보기 위해서라도 모든 것을 바칠 준비가 되어 있다. 그들은 절대 포기하지 않는다. 언젠가 문이 열려 진실이 잠시 드러났을 때 어렴풋이 본 그 모습에 매료되어 어쩔 수 없이 이런 삶에 매달려 있는 것이다. 그런 경험이 없다면 철학자라는 부류는 존재할 수 없을지도 모른다. 거기에는 어떤 숭고함과 엄숙함이 있다. 예를 들어 아우구스티누스는 지나가는 아이의 목소리를 듣고 부름을 받았고, 데카르트는 새로운 앎에 대한 꿈을 꾸고 깊은 인상을 받았으며, 파스칼에게는 눈물로 지새운 밤이 있었다. 루소는 뱅센 숲 나무 아래서 뜻을 새겼으며, 발레리는 밤바다를 보며 사색에 잠겼다. 이런 경험은 개인에 따라 대수롭지도 않은 것일 수도 있고, 전혀 기대하지 않은 것일 수도 있다. 어떤 밤에는 일련의 결정적인 성과를 얻기도 하지만, 다른 밤들, 아마 대부분의 밤에는 단지 희미한 실마리를 보고, 무언가를 시도해보는 정도에 그칠 뿐이다.

결국 경험의 규모나 그것이 미치는 영향의 질은 중요하지 않다. 성실성이 중요하다. 인내력을 갖춘 성실성. 포기해서는 안 된다. 당시 관건이 되었던 것을 잊지 말고 끈기 있게 계속해서 탐색하고, 능력이 닿는 데까지 몇 번이고 되풀이해서 적어도 일생에 한 번은 그것이 분명히 드러나기를 기대해야 한다. 거의 모든 사람이 똑같은 표현을 사용하면서 '적어도 일생에 한 번'을 강조한다. 나 역시 "모두들 어떻게 지냅니까?"라는 질문을 받고 나서 적어도 일생에 한 번은 사물들을 탐험해봐야 한다는 것을 깨달았다. 그렇게 나는 사물들이 있는 미지의 영역으로, 언어나 사고, 참과 거짓의 영역 밖으로, 일상적인 삶의 경계 밖에 있는 지역으로 들어가야 했다. 그곳은 움직임도 생명도 없고, 감동하거나 번식하거나 스스로 치유하지도 못하는 사물들의 나라였으며, 거대하고 가늠할 수 없는 영역이었다. 실제로 얼마 되지 않는 수의 생명체들은 수를 셀 수 없이 많은 사물 사이에서 살아가지만, 우리는 그런 상황을 거의 인식하지 못한다. 이것은 놀랄 만한 사실이지만, 사람들은 별로 놀라지 않는다.

그런데 어떻게 사물들이 우리와 같은 세계에 존재하지 않는다는 걸까? 그러나 가장 흔하고 단순한 사물, 우리가 가장 안심할 수 있는 사물에조차 비인간적인, 말로 표현하기 어려운 바탕이 있다. 익숙하고 우리와 가까운 사물도 '다른 세계'에 속해 있으며, 우리는 이 '다른 세계'라는 것이 어떤 곳인지를 알 수 없다. 그것들을 일상적으로 사용하고, 그것들을 잘 안다고 믿고 있는 나는 그 사물들 사이에서 살아가고, 그 사물들에 늘 둘러싸여 있다. 하지만 그것들과 나 사이에는 건널 수 없는 심연이 있다. 나는 보고, 만지고, 맛보고, 냄새 맡고, 듣고, 시간 속에서 기억하고, 상상하고, 희망하고, 추억을 간직하고, 피로와 즐거움, 기쁨과 슬픔을 느낀다. 하지만 사물에는 이런 것들이 전혀 없다. 그것은 시간 밖에 머물고, 무언가를 느끼거나 감정을 품지도 않는다. 의식이 없다. 생각도 감성도 없다. 죽어 있다. 아니, 죽은 것도 아니다. 언제나 생명 밖에 있었으니까.

너무도 다른 그 세계는 마치 완벽한 수수께끼처럼 보인다. 더구나 수많은 불확실한 점을 들춰낼 수도 없기 때문이다. 어떤 기준과 어떤 의미에서 사물의 삶을 말할 수 있을까? 그리고 우리는 과연 어느 정도까지 사물이라고 말할 수 있을까? 우리도 사물이 될 수 있을까? 다시 말하지만 죽음은 육체가 필연적으로 사물이 되는 현상이다. 하지만 다른 곳에서 다른 방식으로 자신에게서 벗어나거나 벗어나려고 시도하는 방법은 얼마나 될까? 언어의 세계에서 벗어나거나 벗어나려고 시도할 수 있는 방법은 또 얼마나 될까?

우리가 사물들과의 사이에서 서로 통하는 것은 가능하나 뛰어넘을 수는 없음을 예감하는 그 경계를 우회하기 위해 시도할 수 있는 방법은 얼마나 될까? 그렇게 해서 어떤 결과를 얻을 수 있을까?

나는 아무것도 모른다. 더 알고 싶을 뿐이다. 그래서 계속할 생각이다.

하지만 두려움이 없지는 않다. 최근 몇 주 동안 이 작업이 어쩌면 위험할 지도 모른다는 생각을 여러 번 했다. 사물들에 가까이 간다는 것은 침묵, 자아의 외부, 유기적이지 않은 것, 비인간적인 것을 향해 이동한다는 것을 의미한다. 그곳에서 길을 헤매는 기쁨을 느낄지도 모른다. 아니면 가는 도중이나 종국에 가서 의심의 여지가 없는 어떤 것을 만나게 될까?


실성(失性)

내 앞에 사물들이 있다.
사물들은 견고하고, 분명하고, 무게 있게 저기에 있다.
사물들은 서로 조직되고, 서로 결합하는 그들만의 공간이 있고,
서로 이어지고, 늘어나고, 살아남는 그들만의 시간이 있다.
사물들은 그들의 현존 아래 나를 묻어버리고,
그들의 공간에서 나를 숨 막히게 하고,
그들의 시간 속으로 나를 데려간다.
내 육체는 사물들 사이에서 태어났고,
사물들이 그들의 존재와 사물로서의 침묵을 지키고 있을 때
거기에는 이미 나의 죽음이 있을 것이다.
결국 이것이 나를 세상에 묶어두는 사슬이다.
그런데 이 사물들은 대체 무엇인가?


_장 투생 데장티
1945년 일기
『예속과 자유』, 미 출간.

# 23. 고무장화

그것은 천천히, 은밀하게 찾아온다. 정확히 언제부터였는지는 모르겠다. 아마 날이 길어지기 시작했을 때부터였을 것이다. '동방박사들에게 비단실 한 땀만큼 날이 길어진다'라는 속담이 있다. 그 한 땀의 길이 때문에 나는 병이 난 걸까? 모든 사물이 다소 끈적끈적해 보이기 시작했다. 모든 것이 무겁고, 무거워지고, 가라앉은 것처럼 보인다. 다시 말하지만 이런 일이 단번에 일어나지는 않는다. 그림들, 장소들, 물체들은 여전히 낯익다. 놀랄 만큼 정상적으로 보이는 그것들의 상태가 나를 안심하게 해준다. 나는 그것들이 훼손되지 않았다는 사실을 알고 있다. 색깔도 변하지 않았고, 윤곽도 완벽하게 그대로다. 일종의 침착한 집착이 그것들에 생명력을 불어넣고, 눈에 띄게 안전한 상태로 있게 해준다. 처음 볼 때에는 그렇다. 그러다가 손상되기 시작한다. 조금씩 생기를 잃는 것이다. 그리고 윤곽이 희미해진다. 표면이 눈에 띄지 않을 정도로 부푸는 듯하다가 점점 더 명확해진다. 결국 불안정하고

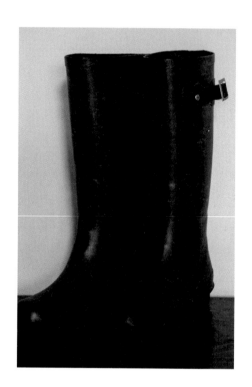

황폐한 인상을 남기며 모든 것이 주저앉아 버린다.

일단 며칠 쉬기로 한다. 바닷가에서 얼마간 지내고 나면 괜찮아질 것이다. 나는 늘 같은 모습을 보여주는 겨울 바다를 무척 좋아한다. 추워지고 햇빛도 달라지지만, 바다에는 변화의 흔적이 없다. 낙엽으로 뒤덮인 들판은 추위로 움츠러들면서 더 편편하고 더 단단해진다. 눈 내린 산은 백색의 침묵에 빠지고, 웅크린 도시는 회색으로 변하지만, 바다는 같은 안개로 뒤덮이고, 같은 바람을 맞아도 전혀 동요하지 않고 진중한 자태를 그대로 유지한다. 이것이 정확한 관찰인지 의심할 수도 있겠지만, 진위는 별로 중요하지 않다. 그런 생각이 내 마음에 들고, 해변으로 향하는 내 발걸음이 가벼워진다는 점이 중요하다.

장화를 찾아내서 손질한다. 혹시 안에 생쥐라도 들어 있지 않은지 확인하려고 손을 바닥까지 넣어본다. 어쩌다가 이런 습관이 생겼을까? 고무 냄새가 진동하는 물렁물렁한 공간에 어떤 생쥐가 들어가 살 생각을 하겠는가? 끝이 막혀 있는 이 긴 고무관은 샌들과 정반대되는 사물이다. 발이 온통 그 안에 여지없이 갇힌다. 장화를 신으려면 틀림없이 실패할 것 같은 과정을 거쳐야 한다. 발이 끼어서 꼼짝 못 하게 될 것 같고, 굴곡을 통과하지 못할 것만 같기 때문이다. 그러나 끈기 있게 시도하다 보면, 고무가 늘어나고 안에서 발을 움직일 수 있게 되며, 발꿈치가 바닥에 닿는다.

매번 처음에는 보통 신발에 없는 묘한 탄력성이 느껴지고, 고무가 마치 두꺼운 제2의 피부, 발에 달라붙은 외피 같다는 느낌이 든다. 고

무장화를 신고 느끼는 사냥의 경쾌함과 카키색 회열, 흙탕물 웅덩이나 바다의 썰물 속을 걸어 다니는 평온 등 시작은 비교적 좋지만, 불가피하게 상황이 나빠진다. 고무는 추위를 막아주지 못하고, 흘린 땀이 장화 안에 고여 습기로 변하며, 내부는 차갑고 축축해져서 밖에서부터 오는 한기가 배로 느껴진다. 보호받는다고 생각했던 피부는 갇히고 억눌리고 창백해지며 수 킬로미터를 걷는 동안 또는 몇 시간 동안 신고 있던 장화는 고대의 석관이 되어 살을 파먹고 거의 썩게 만들며 발을 괴롭히고 부풀게 한다. 이것은 장화의 품질 문제도 아니고, 또 좋은 장화로 바꾼다고 해결될 문제도 아니다. 이것은 숙명의 문제다. 내 생각에는 개인의 숙명이 아니라 인류의 숙명과 관련된 문제다. 보호하는 것은 가두는 것이 되고, 안락하게 해주는 것은 치명적인 것이 되고, 앞으로 내딛는 발걸음은 굳어버리며, 산책은 묘석으로 변한다.

오직 파도만이 남는다. 돌아갈 시간이다.

# 24. 세탁기

해 저물 무렵,
세탁장에서

바닷가를 걷는다고 좋아질 것은 아무것도 없다. 오히려 안 좋아지는 것이 있다. 살이 액체로 변하는 느낌 때문이다. 그 느낌은 발에서부터 시작된다. 차갑고 금방 축축해지는 신발은 물론 발까지 물러지는 이런 현상은 전반적인 용해의 전조다. 비종교적인 영적 자각과는 거리가 있지만, 바닷가에서는 관심사가 활발하게 액화하리라는 생각을 하며 웃어보려고 애쓴다.

나는 바닷바람을 받고 서 있는 오래된 집으로 돌아와서 장작불을 피우고 습기가 많은 지역에서 추위로 얼어붙은 사람들이 흔히 그러듯이 멍한 상태로 동물적으로 발바닥과 손바닥을 불 가까이 가져간다. 신발은 지하 저장실에 놓아뒀고, 질척해진 양말은 벗어버렸다. 잠시 후에 잊지 말고 세탁기에 넣어야 한다. 다행히 이 집에는 세탁기가 있다.

몸이 따듯해지기를 기다리면서 나는 구석진 불가에서 선사시대에 대한 상상에 빠져든다. 인간은 언제부터 옷을 세탁했을까? 아마도 옷

을 입기 시작했을 때부터는 아니었을 것이다. 몸에 걸친 짐승 가죽이 썩게 내버려두고, 칡이나 마른 잎을 세탁하지 못했던 시절이 있었는지 누가 알겠는가? 게다가 지어낸 이야기겠지만, 마상에서 생활하던 훈족과 타타르족은 옷을 빨기는커녕 벗는 일도 없이 옷이 닳고 때가 타서 저절로 해져 떨어질 때까지 내버려뒀다고, 몇 세기 전부터 여행자들이 말하지 않았던가?

하지만 빨래하는 습관은 오래전부터 있었다. 그리고 빨래는 어디에서나 여자들 몫이었다. 냇가, 강가, 빨래터에서, 열대의 습기나 북쪽 매서운 삭풍 속에서 여자들은 빨랫감을 물에 담그고 비비고 헹구고 말렸다. 천과 실을 통해 수천 년간 이어진 인류의 삶에서 특히 여자들은 가족과 전사들을 위해 옷을 재단하고 꿰매고 깁기도 했지만, 무엇보다도 빨고 말리고 개는 역할을 했다. 빨래는 청소나 요리처럼 주기적으로 반복하고 유지하는 일이며 삶이다.

그런데 최근에는 여기에 기계가 한몫하게 되었다. 세탁기도 순환의 지배에서 벗어나지 못한다. 회전하는 드럼, 실린더의 작동 방식이나 급수, 세탁, 헹굼, 탈수 등 프로그램의 반복의 핵심은 주기와 회전에 있다. 세탁물이든 세탁 과정이든 모든 것이 원을 그리며 돌아간다. 마치 우리 영혼처럼 더러움, 씻어냄, 깨끗함이 주기적으로 반복된다.

세탁기는 우주적인 사물이다. 우리는 거기에 죽은 영혼들을 쑤셔 넣고, 돌리고, 과거와 흔적과 기억을 씻어낸다. 드럼 안으로 쏟아지는 물이 섬유 속으로 들어가고, 때와 얼룩이 되어 달라붙은 시간의 흔적을 씻어버린다. 가장 내밀한 흔적조차도 녹이고 세탁한다. 그렇게 한 주기에 다음 주기로 넘어가기를 반복하면서 고대에서 미래가 태어난다. 이처럼 과거에 속했던 것들이 모두 씻겨나가면 둥근 유리문이 열리고 새로운 삶을 위해 준비된 깨끗한 영혼들이 밖으로 나온다. 과거의 흔적이 말끔히 지워진 이 새로운 영혼들은 당연히 아무것도 기억하지 못하고, 마치 갓 태어난 것처럼 다시 더러워질 준비가 되어 있다.

세탁기는 비교(秘敎) 의식을 집전하는 마지막 유물일까? 우리는 이 특별한 사물에서 입문, 죽음, 부활과 같은 삼라만상의 윤회를 새삼 확인한다. 모든 것이 씻기고, 닦이고, 돌아가며 순환한다. 각자의 가정에서 일상적으로 치르고 있는 대부분 의식들도 이와 다르지 않다.

## 25. 묘석

잿빛 일요일,
시골 묘지에서

기분 전환도 할 겸, 마을 공동묘지를 산책할 채비를 한다. 오래전부터 잘 아는 곳이다. 통로를 사이에 두고 몇몇 가족묘는 서로 바싹 붙어 있고, 도자기 조화들은 해가 갈수록 변색되고 있다. 어떤 무덤의 명판은 갈색과 초록색 이끼로 덮여 있다. 몇 미터 거리에 2백 년이 넘는 세월이 이웃해 있고, 글씨체가 서로 다른 이름들, 형태가 서로 다른 십자가들, 녹슨 연철 울타리가 눈에 들어온다.

나는 이런 관습적인 유물에 애정을 느낀다. 추억을 놓지 않으려고, 이름과 날짜와 얼굴을 잊지 않으려고 애쓰는 사람들이 만든 가련한 사물들이다. 선원과 군인의 사진이 붙어 있는 원형 장식, 펼쳐진 상태로 조각해놓은 책에는 '삼촌에게' 또는 '영원한 그리움을 담아' 같은 문구가 적혀 있다. 그런 글을 남긴 조카도 자기 차례가 되면 틀림없이 이곳 어딘가에 누울 것이다. 영원한 그리움은 사라지고, 그런 감정을 경험한 사람은 이웃한 묘에서 썩어갈 것이다. 그리고 묘석과 조잡한 장식물들만이 남을 것이다.

무덤도 하나의 사물이라고 말할 수 있을까? 물론 그렇다. 박공과 갓길과 꽃 수반이 갖춰진 화강암 덩어리인 만큼 사물이라고 불러도 좋을 것이다. 시대에 따라, 특히 고인의 재력에 따라 묘석은 매끄럽거나 반들거리거나 오톨도톨한 돌덩어리다. 오랜 세월을 견뎌낼 것 같은 단단하고 밀도 높은 물체지만, 그럼에도 묘석은 하나의 사물이라기보다는 하나의 기능이다. 그것은 언제나 표식, 흔적, 보존된 공간, 삶에서 죽음으로 가는 통과 지점을 환기하는 성스러운 장치의 역할을 한다.

사발과 더불어 무덤은 인류 최초의 사물이다. 무덤은 신앙과 역사와 신화로 점철된 공간이지만, 인간이 만들고 꾸민 사물이다. 산 사람들에게 닫혀 있는 무덤은 다른 세계를 향해 열려 있다. 고요, 부재, 침묵…. 이것은 전형적인 사물일까? 그럴 것이다. 그리고 묘석은 시신을 가리면서 동시에 가리키고, 보여주는 면과 보이지 않는 면, 비어 있는 면과 차 있는 면을 동시에 갖춘 대표적 사물이다. 인간은 마침내 그렇게 구별된다. 무덤은 인류의 시간을 동물적인 영원에서 분리한다. 죽은 자의 시신은 제한된 장소에 안치되고, 생시에 익숙했던 물건들에 둘러싸이며, 일련의 의례적인 표식을 갖추고 구속을 강요한다. 그런 표식을 통해 우리는 우리 자신의 표식을 식별한다. 굳이 말하지 않아도 우리는 이 모든 것이 우리에게 무언가를 알리고 있다는 사실을 알고 있다. 모두 그 사실을 알지만, 각자는 그것을 잊어버린다.


묘지에서 가장 높은 곳까지 올라가 구석에 물뿌리개와 퇴비가 놓여 있는 구석 옆에 약간 돌출한 자리에서 나는 이런저런 생각에 잠긴다. 문제를 다른 관점에서 바라보고, 역으로 생각해보면 어떨까? 다시 말해 우리는 모든 것을 너무도 쉽게 잊어버리고, 이 땅에서 잠시 머물다가 가는 존재이지만, 망자의 이름과 날짜를 새긴 묘석은 그에 대한 기억을 영속적으로 보존하고, 오랜 세월 그것을 고집스럽게 지키고 있지 않던가?

한 걸음 더 나아가 생각해보면, 죽음이 늘 우리 등 뒤에 서 있는 것처럼 모든 것은 죽음, 다른 면, 심층, 이면과 직접적인 관계를 맺고 있다. 어쩌면 오직 사물들에만 미덕과 이념이 있고, 사물들만이 법칙을 따르고 있는지도 모른다. 우리는 그저 가끔 조금씩 따를 뿐이다. 또한 각각의 사물은 외양과 심연, 현존과 무한 사이의 매개체라고 할 수 있다. 우리는 때로 그런 사실을 얼핏 볼 수도 있지만, 대부분 제대로 알지 못한다.

이런 몽상에 나를 그저 내맡겨도 괜찮을까? 철책 문이 삐걱대는 소리를 내고 지팡이를 든 노파가 손에 꽃을 몇 송이 들고 들어온다. 걸음을 옮길 때마다 자갈이 사각거리는 소리를 낸다. 이 소리에 상념이 흩어져 사라졌는지도 모르겠다. 지나치게 감상적인 생각, 상상, 좋지 않은 흥분이었다. 사물 아래에는 그저 다른 사물이 있을 뿐이다. 묘석 아래에는 관과 유해가 있을 뿐이다. 다른 무엇이, 염려할 만한 무엇이 있지 않다. 무슨 계략이 숨어 있는 것도 아니다. 사물 아래에는 사물이 있다. 구름이 몰려온다.

# 26. 나사송곳

바닷가 집에서 이것저것 수리한다. 나는 나사못에 깊은 호감을 품고 있다. 그 완강한 기질을 좋아하기 때문이다. 나사못은 목표한 지점을 우회하지 않고, 곧장 가서 박힌다. 하지만 단순한 못처럼 대번에 박히지 않고, 자신을 축으로 삼아 회전하면서, 자기 몸에 파여 있는 홈의 도움을 받아 회전하면서 앞으로 나아간다. 드라이버로 끝까지 돌리면 나사못은 구멍이 뚫린 자재와 하나가 되어 단단히 고정된다.

하지만 자재가 너무 단단하거나 미끄러우면 나사못은 쉽사리 구멍을 내지 못한다. 그래서 나사송곳으로 미리 홈을 파서 나사못이 들어갈 자리를 잡아줘야 한다. 손으로 쥐고 돌리는 이 공구는 지극히 단순하지만, 매우 효과적이다. 아직까지는 어떤 전기 기구도 이 공구를 제대로 대신하지 못하고 있다. 왜냐면 적당한 속도로 정확하고 정교하게 작동해야 하지만, 전기 드릴은 너무 돌발적으로 거칠게 작동하고, 나사못처럼 원추형으로 홈을 파는 나사송곳과 달리 원통형으로 구멍을 내기 때문이다. 나사송곳은 손잡이가 달렸을 뿐, 나사못과 똑같은 방식으로 작동하고 자재 속으로 길을 내면서 쉽사리 들어갔다가 빠져나올 수 있다.

나사못의 특성을 잘 이해하는 사람은 자재의 강도에 따라 일정한 압력을 주면서 조심스럽게 돌려가며 박는다. 너무 서두르거나 서툴게 작업하면 자칫 자재가 쪼개질 수도 있고, 구멍이 너무 깊어지거나 헐렁하게 벌어지면 돌이킬 수 없게 된다. 하지만 이 작업을 제대로 하다 보면 재미도 느낄 수 있다. 나사송곳이 자재를 뚫고 들어갈 때 들리는 가벼운 소리, 금속을 통해 느껴지는 미세한 움직임, 최종적으로 구멍 주위로 부스러기가 삐져나오는 모습도 은근히 재미있다.

나사송곳을 박는 행위가 은유적으로 암시하는 성적 행위의 의미를 짚어내는 일은 여러분에게 맡기고, 나는 그보다 두 행위 사이의 차이점을 지적하는 편이 나을 성싶다. 나사송곳 박기와 성행위의 다른 점은 이 공구가 '아르키메데스의 나선'[3]을 그리면서 한 방향으로만 진행한다는 점이다. 그리고 이런 작동 방식이 환기하는 정신적 활동의 과정은 진지하게 성찰해볼 만한 가치가 있다. 나사송곳이 나무 판을 뚫듯이, 새로운 생각은 뇌리뿐 아니라 몸을 관통하여 길을 내고 영원히 흔적을 남긴다. 어떻게 보면 신경생리학자들이나 고문 전문가들이 이런 현상을 그들 나름대로 확인해주고 있다.

자유로워지려면 머리를 안에서부터 뚫어야 할 것이다. 그러려면 그

---

3) 중심으로부터의 거리가 회전각에 비례하여 커지는 소용돌이 같은 곡선을 말한다. 옮긴이.

만한 회전력이 있는 생각을 해야 할 것이다. 두개골에 도달하려면 시간이 걸릴 것이다. 그리고 마침내 구멍이 뚫리면 공기가 드나들 수 있을 것이다. 신비주의자들은 그것을 알고 있다.

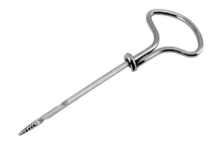

# 27. 병따개

어느 저녁,
부엌에서

평소와는 달리 도시로 돌아오는 일이 충격적으로 느껴진다. 사실 나는 계속 떠돌아다니는 중이다. 사물을 만나기 위해 나 자신에게서 빠져나온 묘한 상태라고 할까? 하지만 지금 나는 어디에도 머무르고 있지 않다. 닻도 내리지 않고 공중에 떠 있으면서 지상으로 내려올 기미도 없이 느린 속도로 저공비행을 하는 기분이다.

그렇다고 갈증마저 느끼지 못하는 것은 아니다. 오늘 저녁 왜 이렇게 목이 마를까? 잘 모르겠다. 그래, 맞다, 분명히 안초비 때문일 것이다. 거품이 필요하다. 냉장고에 탄산수나 소다수, 거품이 나는 무언가가 있을 것이다. 있다. 시원한 거품이 멋지고 풍부하게 일어나는 액체를 담은 커다란 병이 하나 있다. 주둥이는 가장자리가 들쭉날쭉한 금속 마개로 단단히 닫혀 있다. 게다가 약간 금빛을 띠고 있다. 병따개가 필요하다.

그런데 곧바로 찾을 수가 없다. 결국 부엌 용품을 넣어두는 서랍에 들어 있는 깡통따개, 사과 씨 제거기, 코르크 스크루, 칼 밑에 납작 엎

드려 숨어 있는 병따개를 발견한다. 이것을 손에 쥐는 순간, 문득 이 멍청한 도구가 ─머리 부분은 비었고, 아래쪽에는 손잡이가 달린─ 근본적인 제식에 속한다는 생각이 든다.

　몸통은 붉은 플라스틱으로 되어 있고, 머리 부분은 무광 처리한 알루미늄으로 되어 있다. 그저 병따개일 뿐이다. 이 하찮은 물건은 지극히 한정된 상황에서만 필수적이다. 딱 그 역할에만 맞는다. 그 역할로는 지극히 효과적인 사물이다. 병마개에 비스듬히 대고, 지렛대 효과를 이용해 마개를 밀어 올리면 내용물이 슉! 하고 바람 빠지는 소리를 내면서 반쯤 접힌 금속 마개가 소리를 내며 떨어진다. 진부하기 짝이 없다. 흥미로울 것은 전혀 없고, 오로지 기능적일 뿐이다. 그런데 갑자기 그것을 믿을 수가 없다. 병을 따자, 전혀 다른 것이 보인다. 꽉 조인 머리, 그것을 들어내는 압력, 딱 소리를 내는 척추, 결국 몸에서 떨어져 나가 발치에서 구르는 두개골. 병을 따는 것은 목을 자르는 것과 같다. 아니, 마개 따기, 목 자르기보다는 오히려 두개골 열기, 지붕 없애기. 순환을 막는 뚜껑 걷어내기 같은 단어들이 연상된다.

　그런 걸까? 다른 것을 보기 위해서는 결국 우리 머리의 지붕을 걷어내야 하는 걸까? 이것 역시 신비주의자와 시인 들의 이야기다. 머리 없이 보기를 꿈꾸기. 잡지 『아세팔』[4]의 겉표지를 장식한 마송의 그림과 조르주 바타유가 떠오른다. 머리를 버리고, 논리와 이치에 맞는 말에

---

4) 제목이 '무두인' 또는 '지혜가 없는 사람'을 뜻하는 『아세팔(Acéphale)』은 에로티시즘 전문가이자 소설가인 조르주 바타유가 1936년 창간해서 1939년까지 모두 다섯 호가 나온 잡지. 화가 앙드레 마송이 창간호의 표지 그림을 그렸다.

서 벗어나고 싶어 하는 것은 오래된 망상이다.

'어서 이 모든 것이 잘려서 데굴데굴 멀리 굴러가게 하자! 의식 아래 억눌렸던 감각을 되찾고, 야행성이든 주행성이든 복부(腹部)를 되찾자. 본능이 신성(神性)에서 경험할 것들을 되찾자. 극한을 추구하는 인도의 고행자들과 함께 땅속에 묻혀 머리만을 내놓고 명상하다가 갑자기 깨어나면서 느닷없이 머리가 잘리게 하자.'

죽음에 대한 욕망은 강렬하다. 나도 자주 그런 욕망을 스쳐가곤 한다. 더구나 그것은 전 세계적으로 널리 퍼져 있다. 모두 드러나 있다고 하지만 늘 숨겨져 있다. 소리 없이 움직이면서 납작 엎드려 기다리고 있다. 그럼에도, 그것은 가장 심각한 속임수이고 잘못된 길이라는 생각을 오래전부터 해왔다. 그것은 사물이 되는 것과도 사물을 스쳐 지나가는 것과도 상관없다. 만일 상관있다면 그것은 차라리 세계를 막고 있는 것을 제거한다는 점이다. 심한 갈증이 느껴진다….

# 28. 자동 응답기

"안녕, 이자벨이야…. 잘 지내는지 궁금해서 전화했어. 그럼, 잘 지내. 안녕! 연락해!"

"아빠, 마리예요. 토요일에… (안 들림) 콘서트에 가도 되는지 물어보려고 전화했어요. 입장료가 30유로인데, 주실 수 있나요? 끊을게요."

"안녕하세요, 선생님, 데커 박사님 비서실입니다. 화요일 오후 5시 30분 약속 잊지 마세요. 고맙습니다."

"잘 지내, 친구? 폴이야. 메시지 고마워. 와준다면 나야 좋지. 아파트 건물 도어락 비밀번호는 2340이고 6층 왼쪽 집이야. 그때 보세. 잘 있어."

음색도 어조도 각기 다르다. 사용하는 어휘, 발음도 제각각이다. 어쨌거나 이 목소리들은 모두 이 상자에 들어 있다. 숫자 키와 버튼이 달린 검은 플라스틱 상자에 음성 신호로 압축되어 있다. 어딘가에 저장되어 있지만, 어디에 어떻게 어떤 상태로 있는지는 알 도리가 없다. 목소리를 내는 사물의 신비로움. 습관이 되어서 이제 더는 특별한 관심을 두지 않는다. 어쨌든 기묘하다.

나는 조금 전에 밖에서 신문, 빵, 토마토를 사 가지고 돌아왔다. 그렇게 잠시 집을 비웠을 때에도 그렇고, 모임, 약속 장소, 공연에 가거나, 잠을 자거나, 여행을 떠났거나, 사무실에서 일하는 사이에 사람들이 이 상자에 도착한다. 물론 실제로 사람들이 도착하는 것은 아니다. 그들의 존재에서 분리되어 육체도 시선도 없이 잠시 정지된 상태에 있는 목소리만이 도착한다. 어쨌든 식별할 수 있지만, 그 목소리는 스피커 때문만이 아니라 듣는 사람이 없다는 상황에 따라 음색이 변했다. 하지만 듣는 사람이 없어서 음색은 변했어도 상대방이 대답할 여지는 오롯이 남겨두고 있다. 머지않아 상대방이 돌아와 자기 말을 들으리라고 예상하고 허공에 대고 말하지만 결국 그에게 말하는 것이며, 이웃 동네나 지구 반대편에 대고 말하는 것이 아니라 다른 시간에 대고 말하는 것이다. 그 목소리는 이 순간에서 저 순간으로 향하고, 이동하고, 지연되고, 현재로부터 떨어진 어느 시점에 머물러 있다.

내가 바로 그 순간에 그 자리에 있었던 것처럼 그 목소리를 듣는 일은 결코 일어나지 않을 것이다. 실제로 나는 집으로 돌아와 자동 응답기에 저장된 메시지의 목소리를 지금에야 듣는다. 내가 이 목소리에서 그들의 부재를 듣는 것과 마찬가지로 지금 이 메시지를 들으면서 이전의 내 부재를 간파한다. 이 목소리가 녹음될 때 나는 여기 없었다. 또한 내가 여기서 이 목소리를 들으면서도 나는 지금 여기서 온전하게

지속적으로 머무는 것은 아니다. 왜냐면 이 목소리를 들음으로써 나는 이전 나의 부재 상태로 돌아가기 때문이다.

　자동 응답기는 온통 부재로 만들어진 사물이다. 게다가 '응답기'라는 이름과 달리 아무도 응답하지 않는다. 자동 응답기에 남겨진 메시지는 진짜 대화가 아니라 대화를 가장한 어떤 것을 뒤쫓게 한다. 그것은 녹음기나 음성 사서함처럼 소리와 의미와 시간을 집적해서 끝없이 반복할 수 있는 사물에서 이루어지는 유령들의 대화다. 16세기 작가 라블레는 말을 얼려서 보관했다가 녹여서 다시 듣는 기술을 상상했다. 우리는 말을 그대로 둔 채 시간 자체를 얼리는 데 성공함으로써 더 어려운 일을 해낸 셈이다.

# 29. 쇼핑 카트

봄날 토요일,
슈퍼마켓에서

며칠 집을 비웠기에 장을 봐야 한다. 찬장, 냉장고, 냉동고를 채워야 한다. 흔히 말하듯이 '그렇게 해야' 한다. 연속적인 강박의 지배. 어쨌든 우리는 이런 일에서 그리 오래, 그리 멀리 벗어나지 못한다. 먹고, 씻고, 입고, 집을 건사하고, 장을 봐야 한다. 특히 비축해둘 식량을 살 때에는 예산을 정하고, 가격을 조사해서 싸게 많이 살 수 있거나 같은 값에 더 좋은 물건을 살 수 있는 곳으로 가야 한다.

차를 주차하고, 쇼핑 카트를 밀고 간다. 쇼핑 카트는 마치 장난감 자동차처럼 쇠로 된 차체에 바퀴 네 개가 달렸지만, 브레이크는 없다. 마실 것, 먹을 것, 읽을 것, 들을 것, 입을 것이 쌓여가면서 넓은 적재 칸이 가득 채워진다. 고체, 액체, 유제품, 냉동 제품, 절인 식품, 과일, 생선, 노출된 것, 포장된 것, 용기에 담긴 것, 싸여 있는 것들이 차곡차곡 들어찬다. 쇼핑 카트는 혼란스럽고 무질서한 사물이다. 그 안에 물건들이 쌓이고 섞여 혼돈 상태를 이룬다. 어떤 이들은 마치 벽돌을 쌓듯이 물건들을 흠잡을 데 없이 완벽하게 쌓아 질서정연하게 정리해놓지만,

또 어떤 이들은 세제 위에 채소, 채소 위에 생선, 생선 위에 햄, 햄 위에 음료, 음료 위에 초콜릿을 뒤죽박죽 아무렇게나 쌓아놓는다.

하지만 쇼핑 카트는 그런 것들에 전혀 무관심하고, 일절 동요하지 않는다. 안에 무엇이 담기든, 쇠창살로 된 적재 칸에 네 바퀴가 달린 쇼핑 카트의 모양에는 변함이 없다. 담담하게, 놓인 곳에 그대로 있으며 안에 무엇을 넣든 완벽하게 무감각하다. 영혼이 없다. 세상에 그렇지 않은 사물이 어디 있느냐고 반박하는 사람도 있겠지만, 적재 칸의 이질적인 사물들이 자아내는 혼돈과 비교할 때 쇼핑 카드 자체의 부동성은 뚜렷하게 부각된다. 쇼핑 카트는 '순수한' 그릇이다.

냉장 식품 코너에서 갑자기 플라톤의 『프로타고라스』에 나오는 소크라테스의 말이 떠오른다. "지식을 살 때에는 음식을 살 때보다 훨씬 더 많은 위험이 따른다." 과일과 채소 진열대 사이에서 소크라테스는 "진열대에 놓인 상품은 눈으로 보고 손으로 만져보고 살지 말지를 판단하지만, 지식은 그릇과 같은 우리의 정신에 담는 것이므로 만일 그 지식이 나쁜 것이라면 우리도 함께 상하게 되기 때문이다."라고 말했다.

정신을 잃지 않으려면, 쏟아지는 사물의 홍수 속에서도 정신을 차리려면, 슈퍼마켓에서 쓰는 정신의 '카트'를 스스로 만들어야 하지 않을까? 쇠창살이 단단하게 용접되어 있으며, 가볍지만 튼튼하고 변형되지 않는 쇼핑 카트는 누가 밀고 다니든 똑같은 모습이다. 쇼핑 카트들

은 앞뒤로 서로 끼워 맞춰진 채 한 줄로 정렬되어 누군가가 사용하기를 기다리고 있는 바퀴 달린 그릇이다. 제작되고 포장되어 나란히 진열된 상품들이 그 안에 무질서하게 쌓여도 초연히 그 자체로서 존재하며, 금전 등록기 앞에서 자신을 비워내는 데에도 익숙하다. 우리에게도 오직 채우고 비우기를 반복하기 위해서만 구르는, 쇠처럼 강한 정신이 필요하다. 소크라테스가 칼리클레스와 벌인 격한 논쟁에서 언급한 바 있듯이 이것은 빗물받이와 유사한 정신이다. 하지만 우리 정신은 빗물이 아니라 온갖 종류의 상품으로 채워진다. 이미 그런 상황이 되었다. 상품에 의해 예외 없이 촉발되는 우리의 욕망은 이처럼 슈퍼마켓 쇼핑 카트의 작동을 통해서도 드러난다.

스피커를 통해 들리는 목소리가 매장 안에 울려 퍼진다. "청소원들은 남성 쪽 청소해주시기 바랍니다." 불가능한 요구다. 사람을 어떻게 청소하겠는가. 누구도 그럴 수 없고, 아무도 그것을 바라지 않는다. 방법과 해법을 손에 쥐고 있다고 믿기에 그것을 시도하는 사람들은 더 나쁜 짓을 하는 것이다. 내게는 쇼핑 카트를 미는 일만 남았다.

# 30. 쓰레기통

팔에 묵직한 무게가 느껴진다. 내가 버린 쓰레기를 모은 쓰레기통은 매일 가득 찬다. 누구나 마찬가지일 것이다. 평균적으로 한 사람이 하루에 배출하는 양을 통제해야 할 정도로 쓰레기가 많아졌다. 건물 한쪽 구석에 내다 버릴 쓰레기 봉지를 들고 계단을 내려가면서 나는 쓰레기통의 존재 방식에 대해 생각한다.

복잡한 것은 없다. 이 사물은 사라질 물건들을 모아두는 기능을 한다. 가정에서 부서지고 치워지고 버려진 쓰레기와 폐기물이 여기에 모여 함께 종말을 맞이한다. 물론 상품이나 제품이 부엌이나 욕실을 잠시 거치고 나서 곧바로 쓰레기차에 실려 가는 경우도 있다. 이런 짧은 과정은 현대적 삶의 수단에 대한 일회용 성찰을 유도할 수 있다. 오늘날 소비에 대한 우리의 허영심은 개탄할 만하다.

버려진 사물도 사물이다. 사물은 끈질기게 살아남는다. 우리는 그것을 버리기로 했기에 그것이 소멸되었다고 믿는다. 하지만 이는 정확한 사실이 아니다. 우리는 그것이 계속 남아 있다는 사실을 알고 있다. 색이 바랬거나, 망가졌거나, 곰팡이가 슬었어도 그것은 여전히 남아 있다. 쓰레기통이 창조하는 저 다른 세상에서 사물의 삶은 계속된다. 지하나 갓길에서, 어떤 소멸도 없이 그것은 하나의 충만한 세상을 구성한다. 내가 들고 있는 플라스틱 봉지를 열어 내용물을 대충 살펴보니 화장지, 계란 껍데기, 찻잎, 천 조각, 닭 뼈, 커피 가루, 라벨, 과자 부스러기, 표면에 도판이 인쇄된 요구르트 포장, 그리고 정체를 알 수 없는 것들이 무질서하게 서로 뒤엉키고 얼룩져 섞여 있다. 쓰레기통은 쇼핑 카트와 원리는 같지만, 하나는 내보내는 물건들을 담고 있고, 다른 하나는 들여오는 물건들을 담고 있다. 쓰레기통은 배출하고, 퇴장시키는 역할을 하며 바깥의 어두운 세상을 향한다. 그곳은 오염된 사물들의 천국이며 악취가 나는 세계다. 그곳에서 모든 것은 썩고, 흘러내리고, 쉰내가 나며, 침하하고, 변형된다. 플로베르의 소설 『살람보』 앞부분에 등장하는 부족에게나 익숙할 법한 공간이다. 그들은 부패한 것들에 둘러싸여 살아간다.

이 쓰레기들을 꼼꼼히 살펴보자. 한때 반짝이던 사물, 마음을 사로잡았던 사물이 마술처럼 사라졌다고 생각하지는 말자. 썩고, 부서지고, 낡고, 해지고, 비워진 사물과 그 사물이 들어 있던 포장과 용기가 계속 쌓인다. 요구르트 포장을 동정심을 품고 한동안 바라본다. 이런 동정심은 우스꽝스럽다. 아니, 어쩌면 우스꽝스럽지 않을 수도 있다. 동정을 느낀다는 것은 요구르트 포장이라는 존재의 불합리에 불합리로 대응하는 것이다. 디자이너는 이 포장을 디자인했고, 인쇄공은 인

쇄했고, 기술자는 확인했고, 위생사는 검사했고, 기계는 붙였고, 창고 담당자는 보관했고, 인부들은 운반했고, 매장 담당자는 진열했고, 나는 냉장고에 넣었다가 다음 날 그 안에 든 요구르트를 먹고는 쓰레기통에 버렸다.

　이처럼 우리는 사물의 이면을 전혀 생각하지 않고, 매일 수많은 사물을 버린다. 그것들은 우리의 눈길조차 끌지 못한 채 오로지 무(無)로 돌아가기 위해 무에서 태어난다. 이제는 나 자신의 처지를 생각하며 눈물겨운 연민에 빠진다. 이런 연민에서 벗어나고 싶지만, 왜 쉽사리 그럴 수 없는 걸까? 아마도 사물과 똑같은 운명이 나를 기다리고 있기 때문일 것이다. 누구나 혼란, 악취, 피할 수 없는 종말이 예정되어 쓰레기통 속으로 사라진다. 게다가 유기체로서의 인간만이 아니라 인간이 만든 사회, 문명, 지식, 염원도 언젠가는 모두 쓰레기통으로 들어간다.

　쓰레기통이 이 세상의 미래라는 사실을 오늘 갑자기 깨달은 것은 아니다. 하지만 왜 하필 지금 그런 사실이 새삼 놀랍다고 생각했는지 모르겠다. 그리고 그런 생각을 어떻게 견뎌내야 할지도 모르겠다. 이 망할 놈의 쓰레기 봉지가 점점 더 무겁게만 느껴진다.

# 31. 복사기

쓰레기통에서 벗어나려고 최근에는 복사기에 매달려 있다. 요즘에는 아무것도 사라지지 않는다. 모든 것이 복사된다. 다가오는 시대에 대한 대책일까? 어디서나 기억은 단 몇 초 만에 사본 속으로 들어간다. 어떤 문서든 복사본을 만들 수 있다. 인류가 수천 년 동안 모르고 지냈던 복사기는 이제 없어서는 안 될 사물이 되었다. 복사기는 아무것도 보존하지 않고, 아무것도 창조하지 않으며, 덧붙이거나 생략하지도 않는다. 복사기의 유일한 작업은 오로지 복사하는 일뿐이다. 한 장의 문서나 이미지를 바탕으로 똑같은 것들을 무한히 복제해낸다.

예전에 필경사들은 원문과 복사본이 엄격하게 동일해야 한다는 전제로 작업했지만, 그들이 베낀 단어 하나, 문장 한 줄도 원문과 같은 것이 없었다. 그들이 아무리 세심하게 신경을 써도, 아무리 솜씨가 좋고 노련해도 글씨체나 표기 방식의 미세한 차이는 물론이고 오자와 탈자가 생기고, 문장을 잘못 읽거나 문장 부호의 위치가 바뀌는 등의 실수를 피할 수 없었기 때문이다. 하지만 인쇄기가 발명되자 인간이 저지르는 이런 실수에서 벗어나게 되었다. 같은 기계에서 나오는 인쇄물 사이에는 차이가 없다. 그러나 인쇄는 필경과 마찬가지로 전문적인 작업이며 복사본의 수를 늘리는 일은 여전히 전문가들의 몫이다. 여기에 일반인이 개입할 여지는 없다.

이런 조건이 필요 없는 복사기는 개인과 가정에 무한 복사의 시대를 열어주었다. 자격이나 교육, 지식이 없어도 누구나 버튼만 누르면 어떤 문서라도 복사할 수 있다. 누구나 이용할 수 있는 복사 기술은 한두 세대 만에 벌써 수십억 장의 사본을 생산해냈다. 게다가 단순한 복사의 이면에 또 다른 복제의 시대가 이미 시작되었음을 잊어서는 안 된다. 하드 디스크, 콤팩트디스크. DVD, USB 메모리, 인터넷 서버만이 아니라 사진과 필름도 복사기의 자손이고 사촌이다. 사람을 판유리에 올려놓고 단추를 누르면 강한 빛이 지나가면서 똑같은 사람이 원하는 수만큼 복제될 것이다. 텍스트, 음악, 그림, 영상, 양, 송아지도 복제하는데, 사람이라고 그러지 못할 이유는 없다. 이제 곧 그렇게 될 것이다. 기본적으로 같은 장치, 같은 메커니즘, 같은 모형 사이에서 일어나는 일이다.

약간 시큼하고, 매캐하고, 자극적인 복사기 냄새가 곧 이 땅 위에서 진동할 것이다. 죽음의 냄새를 연상시키겠지만, 그것은 증대와 과잉으로 인한 소멸의 냄새일 테니 어쨌든 구별은 될 것이다. 실제로 사라지는 방법에는 여러 가지가 있다. 내가 더는 존재하지 않는다면 나는 그 소멸로 인해 사라진다. 반면에 수천수만의 똑 같은 내가 존재한다면 나는 그 과잉으로 인해 사라진다.

그렇다면 유일한 희망은 채워 넣는 것일까? 복사기는 생산성이 낮은 기계다. 게다가 늘 고장 나 있다. 이것이 우리의 마지막 기회일까? 저 기계들이 제대로 작동한다면, 그것으로 마지막이 될 것이다. 그런데 정확히 '무엇'의 마지막일까?

# 32. 외바퀴 손수레

마음을 가라앉히려고 해도 생각대로 되지 않는다. 도처에 사물이 있고 점점 많아진다. 매 순간 수수께끼를 풀어야 할 사물이 있다. 멈출 줄 모르는 기계가 된 느낌이다. 항상 가동 중인데 전원을 차단할 방법이 없다. 밤에도 머릿속에는 불이 켜져 있다. 그리고 쉬지 않고 돌아간다. 마음의 평온을 찾고자 주말에 시골에 간다.

시골집에는 무엇보다도 정원이 있어서 좋다. 흙은 아직 질퍽하고 축축하며 촘촘하다. 파종하기에는 아직 이르지만, 흙을 고르고 구멍을 메우고 화단을 새로 꾸미기에 좋은 때다. 나는 창고에서 외바퀴 손수레를 꺼낸다. 이 수레는 나의 어린 시절, 아버지께서 가을 냄새가 물씬 풍기는 호두 열매와 상큼한 사과와 함께 나를 태우고 나르시던, 가장자리가 넓고 바퀴에 철 테를 두른 그 나무 수레가 아니다. 이것은 공장에서 생산한 편리한 손수레로 녹색 페인트를 칠한 철제 몸체에 바퀴에는 고무 타이어가 끼워져 있고, 바보처럼 입을 벌리고 있다.

나는 외바퀴 손수레에 변함없이 호감을 품고 있다. 게다가 이 사물

에 대해 느끼는 사람들의 감정을 지금까지 충분히 연구하지 못했다는 생각마저 든다. 인간이 발명한 지렛대나 도르래와 마찬가지로 힘을 변형시키는 이 도구가 단순한 작동으로 큰 효과를 낸다는 점에 자부심을 느끼고 있기에 내게 이런 호감이 생기는 걸까? 이런 기계들은 변형, 분할, 연장을 통해 더 적은 힘으로 더 많은 것을 할 수 있게 해준다. 외바퀴 손수레에는 이런 장점에 덧붙여 바퀴가 있다. 바퀴는 역사를 바꾸고, 세상의 모습을 변화시킨 완전하고 간단하며 천재적인 발명품이다. 나는 외바퀴 손수레에서 짐의 무게를 윤심에 지우는 그 완벽한 구조에 경탄한다. 운반하는 흙의 무게가 팔다리에 느껴질 때, 수레를 이끌어가는 것이 바퀴인지 발인지 혹은 사물인지 사람인지 분간할 수 없게 되었을 때, 굴러가는 수레가 앞뒤와 좌우로 가볍게 흔들리는 상태가 무척 쾌적하다. 나는 이리저리 흔들리면서도 앞으로 나가는 수레에 실린 흙의 무게를 즐기고 또 그것에 놀란다.

갑자기 풍경이 위아래로 흔들린다. 외바퀴 손수레는 이제 잠든 정원을 벗어나 밤과 안개를 뚫고 나아간다. 흑백의 이미지가 흔들린다. 정원사가 미는 그 사물 위에 시체들, 야위어서 뼈만 남은 인간의 송장들이 쌓여 있던 모습이 보인다. 그 시체 더미는 구덩이에 던져져 생석회로 태워졌다. 가죽만 남은 수천의 뼈 무더기와 수레의 움직임에 따라 흔들리던 머리와 팔이 외바퀴 손수레로 옮겨져서 구덩이에 뒤섞인 채 던져졌을 때 나의 부모는 성년이 되어 있었다. 그리고 역사가 그 사건을 바로잡았다. 그나마 최근의 일일 때 바로잡을 수 있다.

이제 정원에서조차 평화롭지 못하다. 오늘날에는 두 대의 외바퀴 손수레가 바로 앞뒤로 공존한다. 삶과 죽음, 행복과 불행이 그것이다. 둘 사이에는 아무것도 없다. 이제는 언제 어디서나 인생의 평온함이 이유도 예고도 없이 흔들린다. 세상의 한 면과 그 이면 사이에는 바퀴의 윤심이 있을 뿐이다. 수레는 비어 있다.

## 33. 낫

초봄,
여전히 시골에서

식은땀을 흘리며 소스라치며 깨어난다. 여전히 알 수 없는 공포에 사로잡혀 '현실'이라고 부르는, 이토록 진부하고 단조로운 세계로 돌아온 것을 확신하지 못하다가, 갑자기 그 끔찍한 공포가 악몽이었다는 것을 깨닫고는 안심한다. 꿈에서 본 장치는 애드거 앨런 포의 단편 「갱과 시계추」에 등장하는 것과 똑같았다. 나는 침대에 묶여 도망칠 수 없었다. 손목과 발목, 어쩌면 목이 가죽 끈으로 단단히 묶여 있었던 것 같다. 기억이 희미하다. 아주 높은 천장에 달린 거대한 낫이 시계추처럼 규칙적으로 진동하며 조금씩 내려온다. 길쭉한 날이 어느 순간 내 목을 댕강 자른다. 피할 수가 없다. 빠져나갈 길이 없다. 필연적이다. 악몽은 바로 기다림이다. 추의 느리고 육중한 운동을 겁에 질린 눈으로 따라가는 것이다. 허공을 가르는 금속성이 점점 선명하게 들린다. 울부짖어도, 도망치려고 몸부림쳐도 아무 소용이 없다는 것을 아는 것이다. 빛이 날에 반사되어 순간적으로 번쩍였다가 이내 사라지는 찰나를 부릅뜬 눈으로 응시하는 것이다. 예리한 날이 살을 찢을 때 섬

뜩 몸을 비트는 동작을 골수에서 감지하는 것이다. 루이스 부뉴엘의 영화 「안달루시아의 개」에서 눈동자를 베는 면도칼을 떠올려보라. 목을 잘리고, 배를 갈려 죽는 것은 깔려 죽고, 폭발해 죽고, 물에 빠져 죽고, 불에 타 죽는 죽음과는 전혀 상관없다. 조용하고, 신속하고, 처음에는 거의 통증 없이 떨어져나간 살점이 꿈틀거린다.

알다시피 낫은 수확과 연관되어 있다. 굵은 이삭과 관대한 땅, 낫자루를 쥔 농부의 투박한 손, 추가 진동하듯 움직이는 규칙적인 동작, 여름 햇볕에 누렇게 익은 곡식은 낫이 환기하는 상상 속의 사물이다. 낫은 또한 모성과 죽음에 동시에 연결된다. 애착과 분리, 생명과 종말 사이에는 결국 패배로 끝날 폭동을 일으키며 낫을 휘두르는 농민들과 같은 인간의 허망한 저항의 시간이 있을 뿐이다.

이제는 아무도 사용하지 않는 낫은 시골집 헛간이나 오래된 지하실, 박물관에서나 볼 수 있는 물건이 되었다. 용도가 없어졌다. 그것이 구현할 수 있는 것 역시 사라졌다. 낫이 사라지면서 수확의 이미지와 죽음의 이미지, 가난에 몰려 일으킨 폭동의 이미지도 일상과 풍속에서 자취를 감췄다. 오늘날 낫은 여러 가지 형태로 르완다, 남아메리카, 파키스탄 같은 먼 곳에도 있지만, 무엇보다도 우리 머릿속에 있다. 실제로 우리가 몸을 베일 수 있는 만큼, 충분히 현실적이고 확고한 사물이 우리 마음속에 있다. 아마도 그것은 외부에 있는 것들보다 더 강하고, 더 치밀하며, 더 단단할 것이다. 경우에 따라 더 위협적일 수 있다. 이 것이 바로 예리한 도구의 시원적인 현존이다. 과육이나 동물의 살점을

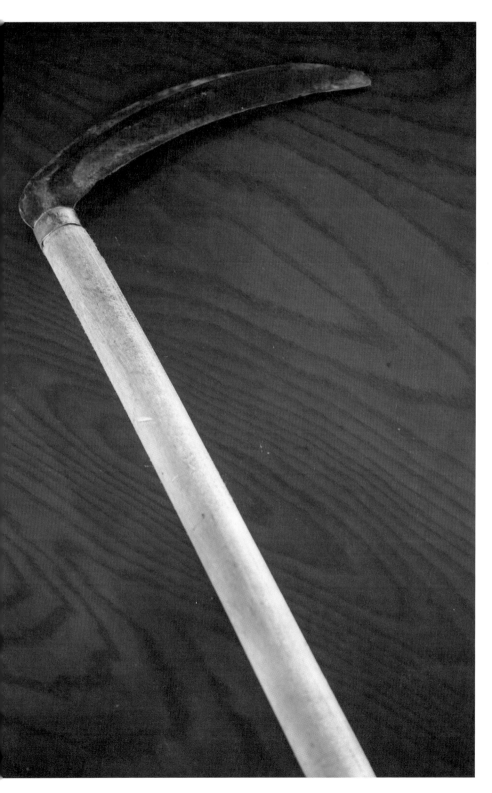

가르고 자를 수 있는 사물, 희생과 살인을 말해주는 아주 오래된 사물, 말하지 않아도 신들과 분배와 관계된 사물인 낫에는 과거 살인의 흔적과 미래 살인의 전조가 늘 남아 있다. 이런 유형의 도구는 어떤 온전한 집단에도 등장하지 않는다. 왜냐면 가르고, 자르기 때문이다. 낫은 그렇게 조각을 내기 전에 멀리 떨어진 곳에 머물지만, 흥미롭게도 그 핵심에는 부재가 존재하고 있다.

이 모든 것이 무엇을 의미하는지 나는 잘 이해할 수 없다. 실제로 칼은 날도 없고, 손잡이도 없던 것에 손잡이를 붙이고 날을 달아놓은 것인지도 모른다. 그러나 실제로 그런가?

# 34. 조각상

갑작스러운 외국행. 어느 대학 철학과에서 내 연구와 관련해서 강연을 해달라는 부탁을 받았다. 누구에게나 자신의 영역이 있고, 거기서 일어나는 복잡한 일, 전문가의 문제, 권위자의 과제가 있으나 이는 사물과 직접적인 관련이 없으니 내 강연 내용을 쓸데없이 이야기할 필요는 없을 것이다. 아주 조금만 멀어져도 사물이 우리의 습관을 바꿔 놓는 여행에 대해서만 이야기하자.

내가 이 도시의 카페에서 본 사물들은 내가 사는 곳에서는 찾아볼수 없는 것들이다. 긴 스푼과 뚜껑 달린 설탕 그릇, 냅킨 대신 쓰는 자잘한 체크무늬 종이, 위쪽이 넓게 벌어진 얇은 잔 등 목록은 한없이 길어질 수 있다. 어떤 여행지든 거기서 만나는 사물들은 모양, 기능, 위치, 존재 방식이 이전에 보던 것과 다르다. 이런 작은 차이와 변화로 우리는 진정으로 다른 곳에 있음을 실감한다.

오늘 아침은 거리가 한산하다. 강둑을 따라 미술관까지 긴 산책을한다. 폐장할 때가 되었지만, 한 바퀴 돌아보기에는 시간이 충분하다.

오른쪽에서 왼쪽으로 가다 보면 도중에 원시주의 작품, 장식화, 삽단 제단화 등 눈여겨볼 만한 작품들이 걸려 있다. 하지만 나를 흥분시키거나 마음을 끄는 전시물은 없다. 불현듯 정면 위쪽 출입구 모퉁이에 있는 사물을 보고 화들짝 놀라 겁에 질린다. 숨이 멎고, 피가 얼어붙는다. 낯설고 끔찍한 전율이 온몸을 관통한다. 마치 살아 있는 것처럼 팔을 벌리고 서 있는 거대한 조각상만이 눈에 들어오고, 주변의 모든 것이 일시에 오그라든 것만 같다. 나는 돌처럼 굳어서 한동안 꼼짝도 못 한다. 천사가 나를 뚫어지게 바라본다. 인간의 체구와 비슷한 크기가 나를 압도하고, 나는 대체 무슨 일이 일어났는지, 왜 그 사물이 막강한 힘과 영향력을 발휘하는지, 왜 그것이 단순한 사물로 보이지 않는지 도무지 이해하지 못한다.

결국 나를 순식간에 제압해버린 이 갑작스러운 공포를 쫓아버리려고 '저것은 나무일뿐이야!', '그저 나무 조각일 뿐이야!'라는 말을 속으로 되뇌어본다. '천사들은 모두 무시무시하다'고 했던 릴케의 말이 떠오른다.

간신히 몸을 움직여 황망히 옆 전시실로 피했지만, 경황이 없어 어떻게 그렇게 했는지조차 기억나지 않는다. 아직도 숨이 가쁘지만, 이곳은 안전한 것 같다. 정신을 되찾는다. 분명히 그랬다. 내 정신은 내가 영향을 미칠 수 없는 곳에 있었다. 무엇 때문이었을까? 도무지 모르겠다. 어쨌든 그 나무 천사상과 관련이 있다. 그것은 인간의 형상을 하고, 자세도 인간과 비슷했다. 이것이 충분한 이유가 될까? 아니면 나의 정신 상태와는 상관없이 예술 작품을 보고 충격을 받아 생긴 일종의 착란이었을까? 그것을 크기, 재료, 고유의 색이 결합해 특별한 힘이 생긴 사물로 간주해야 할까? 그 입상에는 어떤 성질이 있을까? 무엇이 들어 있기에 갑자기 나를 그토록 오싹하게 했던 걸까? 영혼? 하지만 그것은 우리의 무지가 미지에 붙인 이름일 뿐이다.

어쨌든 다른 사물과 구별되는 수많은 사물이 존재한다. 그중에는 예술 작품과 신성한 대상이 공존하는 사물, 환상과 욕망으로 둘러싸인 사물, 스스로 충만하여 넘치는 사물도 있다.

질문 3

　이 체험을 계속하던 중에 문제가 생겼다. 점점 숨이 막히는 것이다. 아마도 넘어설 수 없는 한계에 부딪혔기 때문인 듯하다. 나는 도달할 수 없다는 사실을 알면서도 기진할 때까지, 때로는 고통을 느끼면서까지 끝까지 가려고 애쓰고 있는 모양이다. 이것이 애초에 계획 자체에서 비롯한 것인지, 아니면 내가 택한 방식에서 비롯한 것인지는 모르겠다. 이 계획은 시작부터 분명히 엉뚱한 면, 어쩌면 비상식적인 면이 있었다. 사물들이 어떻게 지내는지를 알아보겠다는 것은 상식적인 사람들이 하는 시도는 아니지 않은가? 하지만 이 계획이 실현 불가능해 보이지는 않았고, 당연히 위험 따위는 없으리라고 믿었다. 그렇다면 틀림없이 방법적으로 잘못된 방향으로 들어선 것이다. 하지만 무엇이 문제인가? 지금까지 걸어온 길을 재검토해야겠다. 대체 어디서 길을 잘못 들어선 걸까?

　이 길로 접어들기 전에는 어떤 사물에도 놀랄 것은 없었다. 위치도 쉽게 파악할 수 있었다. 모든 것이 질서 있게 제자리에 있었다. 전에 나는 사물의 다양성이란 것을 그저 내게 편리하게 별 문제 없고, 귀찮게 따져볼 것도 없이 편안한 상태로 인식하고 있었던 것으로 기억한다. 내 마음대로 할 수 있었다는 것이다. 그러나 사물을 다른 시각으로 바라보면서 모든 것이 달라졌다. 전에 사물은 언제 어디서나 내 손이 닿는 곳에 있었고, 만지거나 스쳐 지나갈 수 있었으며, 고르거나 버릴 수 있었다. 그토록 평범했던 사물이 갑자기 얼마나 멀어졌는지, 이제는 영원히 접근할 수 없는 것처럼 보인다. 이런 상태가 얼마나 되었을까? 8개월? 9개월? 정확히는 모르겠지만, 나는 지금 명백한 친숙함과 뜻밖의 기묘함에 휩싸여 살아가고 있다.

익숙한 사물에서 전에 몰랐던 면들이 드러난다. 지극히 평범하고 일상적인 사물조차 인간이 접근할 수 없는 야생적인 근본을 드러낸다. 그리고 그 사물과 나 사이에 넘을 수 없는 심연이 있다는 사실을 점점 더 분명히 깨닫게 된다. 이 심연을 뛰어넘으려던 시도는 애초부터 잘못된 것이었을까? 나의 세계와 아무 관련 없는 세계에서 존재하는 사물, 의식도 없고 스스로 움직일 수도 없으며 무감각하고 소통할 수도 없는 사물, 그것이 살아 있다고 말할 수도 없고, 그것의 세상이 그 나름대로 존재한다고 말할 수도 없는 이 '사물'이라는 것과 나는 절대 소통할 수 없을 것이다. 그것이 가능하리라고 꿈꾸던 나는 지금 중력이 사라진 대기 속을 헤매는 듯한 기분이 든다. 내심 나는 내 사고의 한계 밖으로 나갈 수 있으리라고 생각했지만, 이것은 착오이고, 이 지독한 피로의 원인이기도 하다.

사물도 말을 할까? 할 말이 있을까? 단지 우리가, 늘 그렇듯이 우리 인간이 사물에 어떤 의미를 부여하고 말할 수 있는 가능성을 작위적으로 부여하는 것은 아닐까? 이 문제는 그리 간단치 않다. 우리는 사물에 말을 하게 하지만, 그럴 때 우리는 예외 없이 사물이 이미 내포하고 있는 정보를 근거로 삼는다. 사물은 진짜 말을 하는 것도 아니고, 전혀 말이 없는 것도 아니다. 일종의 복화술이라고 할까? 그러나 침묵과 하나가 되려는, 있는 그대로의 물질 속으로 들어가려는, 세상에 대한 사물의 관점을 공유하겠다는 불가능한 꿈에는 위험이 도사리고 있다. 이런 미망에 사로잡히는 것은 영원히 먼지 속을 헤매는 것과 같다. 그곳은 메마르고, 숨 쉴 수 없는 곳, 아무도 모르는 침묵만이 존재하는 곳이다.

이런 궁지에서 벗어나려면 다시 사물과 거리를 둬야 한다. 사물에 대해 무관심해서도 안 되고, 사물에 현혹되어서도 안 된다. 쉴 새 없이 떠들어도 안 되고, 실어증에 걸려서도 안 된다. 두려움을 품어도 안 되고, 희망을 품어도 안 된다. 이 모든 것은 하나의 체계를 구성할 뿐이다. 다른 길을 내야 한다. 하지만 어떻게? 어떤 길을? 누구와 함께? 모르겠다, 아직까지는. 언젠가는 알게 될까? 지금까지 사물과 관련해서 내가 깨닫게 된 진실은 이제 그만 두려워하고, 그만 기대하고, 그만 비난하고, 그만 찬양하라는 것뿐이다.

무서워할 필요는 없다. 사물 때문에 숨이 막히는 온갖 환상을 물리쳐야 한다. 사물은 우리가 원할 때에만 늘어난다. 우리를 불편하게 하는 사물은 언제든지 버릴 수 있다. 그러니까 수많은 사물이 쌓여 우글대는 악몽을 만들어내는 일을 그만둬야 한다. 사물은 관련성도, 의도도, 계획도 없으며 엄밀한 의미에서 끝도 없다. 사물이 공간을 점령하고, 시간을 독점하고, 정신을 불편하게 하고, 육신을 압도하며, 삶을 위협한다고 우리 내면에서 외치는 이 둔탁한 소리를 어떻게 잠재울지를 궁리해보자. 과잉, 혼잡, 뒤죽박죽이 된 이미지들에 매달려 이것을 풀어보겠다는 생각을 버리자.

그러지 않으면 오늘날 세상의 주인은 사물이라고 결론지어야 할지도 모른다. 솔직히 말해보자. 실제로 인류는 권력도 영향력도 없는 소수 집단일 뿐이다. 언어를 사용하고, 지능이 높으며, 손으로 많은 것을 만들어내는 능력이 있다고 믿었던 인간 종족은 이제 힘을 잃었다. 수적으로도

사물이 인간보다 훨씬 더 많아지지 않았던가? 사물은 인간보다 더 오래 가고, 더 견고하고, 더 믿음직하다. 사물의 수적 팽창, 수명, 내구성, 조직력, 다양성이 인간의 무관심과 약점을 능가하지 않았던가?

오늘날 우리는 인간의 집단적 계획이든 개인적인 존재든 그 열쇠를 사물에게 넘겨주겠다는, 돌이킬 수 없는 결정을 내릴 것인가? 겉으로 보기와 달리 인간이 아니라 사물이 모든 것을 완벽하게 통제하고 있다. 조용히 무방비 상태에 있는 것처럼 보이는 수많은 사물이 사실은 우리의 사소한 행동마저도 제약하고 있다. 실제로 우리는 욕망, 일, 여가, 이동, 일상생활 등 모든 것을 사물에 의존하고 있다. 모든 것이 사물의 양, 상태, 가격, 형태, 기능에 따라 달라진다. 사물의 왕국에는 허점도 없고, 선택의 여지도 없으며, 외부 세계나 다른 세계도 없다.

사물은 때로 우리보다 시각이 훨씬 더 흥미롭다고 말할 수도 있을 것이다. 사물은 인간보다 낫다. 사물은 인간보다 더 단순하고 차분하다. 우리보다 무한히 더 고결하다. 또한 '자유롭다'와 '공정하다'는 것이 거의 인간에게 국한된 개념이고, 사물의 지고한 엄밀성에는 불완전하게 적용되는 개념이기는 하지만, 사물은 우리와 비교할 수 없이 자유롭고 공정하다고 말할 수 있다. 사물에게는 발이 없으므로 우리가 사물의 발밑에도 못 미친다고 말할 수는 없겠지만, '세계 사물과 물체의 권리 선언'을 고려해야 할 때가 된 듯싶다. 정말이지 이제는 다른 길을 모색해야 한다.

평정(平靜)

인간이 사물에 눈이 멀면 사소한 것으로 잘못을 저지르게 된다.
인간이 사물에 지배되면 마음이 흔들린다.
흔들린 마음으로는 힘이 들어간 딱딱한 그림만을 그려낼 뿐이며,
자기파멸의 길로 들어서게 된다…. 그래서 나는 사물이 스스로 사물의
어둠을 따라가게 하고, 먼지가 스스로 먼지의 길을 가도록 내버려둔다.
그렇게 내 마음은 흔들림이 없고,
마음에 흔들림이 없을 때 그림이 태어날 수 있다.

_석도(石濤), 『고과화상(苦瓜和尙)의 그림에 관한 이야기』

# 35. 플루트

봄날 아침,
집에서


매년 똑같은 상황이 벌어진다. 해가 점점 일찍 뜨면서 많은 것이 변한다. 나는 몇 주 동안이나 몸을 사리고 구석에 틀어박혀 변화에 저항해보지만, 소용없다. 모든 것이 대번에 바뀐다. 잠의 리듬은 저절로 여름에 맞춰지고, 사방이 훤할 때 눈을 뜨게 되고, 햇살이 비치면서 어쩔 수 없이 일상이 시작된다. 과도기도 없이 너무도 갑작스럽게 모든 것이 달라져서 오늘 아침처럼 잠에서 깰 때마다 놀란다.

맑은 지평선을 보자, 제대로 연주할 줄도 모르면서 플루트를 불고 싶은 마음이 생긴다. 플루트는 굽은 형태의 정교한 키들이 달려 있는 은도금 금속관이다. 나는 한 번도 이 사물을 활발하고 자연스럽게 연주해본 적이 없다. 뭐, 그러면 어떤가. 나는 고집스럽게 이렇게 저렇게 연주를 계속한다. 쉬운 곡 하나라도 끝까지 제대로 연주해보고 싶다는 꿈은 이미 오래전에 포기했다. 기대도 목표도 없이 그저 재미로 연주를 계속하면서 소리와 숨을 섞고. 곡에 도취되어 가벼운 현기증을 느낀다.

음악을 위해 만든 사물은 독자적인 무리를 형성한다. 인간의 몸과 매우 특별한 관계를 맺고 있는 이런 사물은 자신의 작동 법칙을 인간의 몸에 강요하는 동시에 인간의 몸에서 일어날 수 있는 모든 변화를 예상한다. 플루트는 입술, 몸통, 팔, 손가락의 정확한 위치와 동작, 호흡의 정교한 안배를 요구한다. 미세한 차이가 모든 것을 바꿔놓기 때문이다. 주입하는 공기의 양, 혀의 위치, 입술의 긴장도, 치아를 내미는 정도, 타액의 정도, 고개를 숙이는 정도, 엄지손가락의 민첩성, 손가락으로 쥐는 힘, 특히 의식과 집중력의 정도에 따라 모든 것이 전혀 다른 가치를 띠고, 하나의 세계에서 다른 세계로 옮겨간다. 공기처럼 가벼운 세계에서 아교풀처럼 끈적이는 세계로, 아니면 이와 반대로 진흙탕처럼 더러운 세계에서 흰 눈처럼 순결한 세계로 넘어가는 것이다. 그렇긴 하지만 몸이 악기에 복종해야 하고, 악기의 다양하고 즉흥적인 요구에 무조건 순응해야 한다는 생각은 너무 단순하다. 왜냐하면 악기를 일깨워 무기력한 침묵에서 벗어나게 하고, 생동감을 불어넣어 그 나름의 생생한 방식으로 자신을 표출하게 하는 것이 바로 인간의 몸이기 때문이다.

여기서 가장 감동적인 것은 '사물과 인간의 만남'이라는 지극히 평범한 필요성이다. 그 악기 없이는 근육, 힘줄, 관절이 오직 그것만이 가능케 하는 음악을 절대 만들어낼 수 없다. 그리고 인간의 몸 없이는 금속, 관, 구멍, 현들이 연주가만이 낼 수 있는 소리를 절대 만들어내지 못한다. 둘 중 하나가 없으면 아무 소리도 나지 않는다. 그렇게 둘은

서로 현존을 빚지고 있다. 이처럼 사물과 인간이 서로 주고받으며 서로 완성시키고 제어한다. 인간이 사물을 연주하는 것인지, 사물이 인간을 연주하는 것인지, 누가 무엇을 연주하는지 알 수 없다. 서로 상대를 연주하고, 거기서 음악이라는 영속적인 기적이 탄생한다.

세세한 동작과 자세는 악기, 레퍼토리, 시대, 문명에 따라, 그리고 불고, 두드리고, 치고, 퉁기고, 긁는 방법에 따라 무한히 달라질 수 있을 것이다. 그러나 인간과 사물이 소리와 박자로 결합한다는 근본적인 과정에는 전혀 달라질 것이 없다. 애초에 플루트를 무엇으로 만들었는지를 생각해보면 이것은 인간이 살아 있다는 신호이기도 하다. 플루트는 오래되어 소리가 잘 울리는 대퇴골의 속을 파내고 구멍을 뚫어 만들었다. 악기에는 죽음을 넘어선 어떤 행위, 뼈의 재활용, 사물이 된 인간 육체가 삶으로 돌아가는 모습이 포함되어 있다. 언제 어디서든 악기를 연주하는 행위는 보편적이다. 음악 없는 인간 집단은 과거에도 존재하지 않았고, 미래에도 존재하지 않을 것이다.

바로 이것이 가능한 하나의 출구일까? 악기라는 사물과의 관계를 본보기로 삼아 두려움과 불안이라는 난관을 피할 수 있을까? 만일 우리가 모든 사물을 악기 대하듯 한다면, 과연 어떤 일이 벌어질까? 어떤 음악을 연주할 수 있을까? 악보는 어디에 있을까? 즉흥적으로 연주해야 할까?

플루트를 닦아야 한다. 플루트에는 늘 침이 너무 많이 고인다.

# 36. 목걸이

여름이 막 느껴질 때,
식당에서

몇 시간이면 충분하다. 바람은 남쪽에서 불어오고, 갑작스러운 온화함, 아니 온화함 이상의 한여름 기운이 찾아온다. 사랑하는 여자를 야외 나무 그늘 아래 저녁 식사에 초대했다. 부드러운 저녁, 야외에서 함께 지내본 지가 너무도, 정말 너무도 오래된 것 같다…. 간헐적으로 불어오는 따스한 바람은 축제처럼 마음을 들뜨게 하고, 곧 환하게 밝혀질 빛은 축제의 춤을 예고하는 듯하다.

나는 어디든, 이 지역이든 다른 지역이든, 우리 중 한 사람 또는 둘 모두에게 낯설고 색다른 곳에서 그녀를 만나고 싶다. 나는 그녀가 마치 우연히 시간에 맞춰 온 듯이 정시에 나타나리라는 것을 알고 있다는 사실이 흐뭇하고, 이렇게 그녀를 기다리는 것이 좋다. 사람들 사이에서 그녀와 만나는 것이 좋고, 그녀가 어디 있는지를 알아내는 것이 좋고, 혼잡한 인파 한가운데서 그녀를 알아보는 것이 좋다. 우아하고 날씬한 그녀가 자신감 있고, 생각에 잠긴 듯 신중한 태도로 도착하는 모습을 멀리서 바라보는 것이 좋다. 어디서든 우리 시선이 마주치는

순간이 좋고, 그녀가 빛을 발하고 엷은 미소를 띠는 순간이 좋다. 몇 개월, 몇 년간 지속된 수없이 많은 만남도 그 순간의 강렬함을 따르지 못한다.

그녀는 수수하고 아름다운 검은 원피스를 입고 있다. 나는 잠시 그녀가 입은 원피스와 그녀의 눈동자와 머리카락 중 어느 것이 더 검은지 생각해본다. 하지만 그녀가 돌연 미소를 지었기에 알아볼 틈을 놓쳤다. 그녀가 한 걸음 내딛기도 전에 목걸이가 먼저 눈에 띈다. 아름다운 목걸이는 황홀할 정도로 잘 어울린다. 처음으로 그녀의 생일을 축하하면서 목걸이를 선물했던 그리스 섬이 생각나게 하는 바로 오늘 저녁의 따뜻한 대기 속에서, 그녀가 그 목걸이를 걸고 나올 생각을 했다는 것이 무척 다정하고 사랑스럽다.

내 사생활에 속하는 목걸이에 대한 묘사와 그날의 저녁 식사 이야기는 대충 넘어가주시기를. 이 경험에서 중요한 것은 그 목걸이가 그것이 속한 아주 특별한 사물들의 범주가 존재한다는 사실을 분명히 깨닫게 해준다는 사실이다. 보석, 장신구라는 말은 거의 혹은 잘 언급되지 않는다. 피부와 밀접한 사물, 몸에 걸쳐 드러내 보이기 위한 사물, 공들여 다듬은 이 사물은 어떤 면에서는 쓸모없고, 또 어떤 면에서는 최고 혹은 최상의 효율성이 있다. 돈이나 부와는 전혀 상관없다. 이런 사물은 모든 것이 결핍된 이들에게도 어김없이 널리 퍼져 있다. 아메리카 인디언들이나 유목민들, 문자도 산업도 유행도 없는 민족, 지극히 궁핍한 민족에게도 보석은 있다. 그들은 목걸이로 목을, 팔찌로 팔목을 체계적으로 두르고 있다.

하지만 언제 어디서나 착용하는 이 사물은 지금 여기 이 사람의 목에만 걸려 있다. 악기처럼 소리를 낼 수는 없지만 사물과 몸 사이에서 이루어지는 섬세하고 특별한 연주다. 보석은 오로지 드러나 보이기만 한다. 무엇이 무엇을 보여주는 걸까? 목걸이가 목을 보여 주는 걸까? 목이 목걸이를 보여주는 걸까? 서로 상대를 보여주는 걸까? 둘 다 다른 어떤 것을 보여주는 걸까? 목걸이는 우리가 살아가는 데 '필요 이상의 것'일까? 생존에는 쓸모없는 사물이 절대적인 영광을 누리는 걸까?

하지만 이 '필요 이상의 것'은 어떤 경우에도 생존에 필수적인 것들이 먼저 확보된 다음에야 만들어지는 것이 아니라는 사실을 강조한다. 인간은 필수품이 충족되고 생명이 보장된 다음에야 부차적으로 심미적인 놀이와 사치품으로 자신을 꾸미지 않는다. 이런 호사는 최초의 인류에게서도 찾아볼 수 있다. 가장 원시적이고 가난한 공동체에도 호사는 존재한다. 실패한 원숭이들인 우리는 아득한 옛날부터 생존에 불필요한 것의 필수적인 필요성을 끊임없이 추구하고 찬양했다.

# 37. 우산

오후,
마을에서

이 지역에서는 따뜻한 날씨가 이삼일 계속되는 법이 없다. 천둥이 치고, 돌풍이 뒤따르고, 기온이 떨어지면 사람들은 오히려 달가워한다. 결국, 비가 내리고 이 모든 것이 정상으로 여겨진다. 사람들은 고약한 날씨에 투덜대고 불평을 늘어놓지만, 어쨌거나 모든 것이 정상이며 게다가 어디서 오는지 모르는 더위 같은 것을 걱정하지 않는다. 간단히 말해서 우산이 있으니 별문제 없다.

우산은 아무리 칭찬해도 모자란 사물이다. 기발하고 세심하게, 재주를 부려 만든 우산은 편리하고, 도움이 되고, 유용하다는 장점이 전부가 아니다. 우산은 놀랍다. 관절이 모두 작동하는 모습과 천이 정확히 잡아당겨지는 모습, 가느다란 철제 구조물이 화관처럼 벌어지는 모습을 주의 깊게 관찰해보면 우산이 펼쳐지는 모습은, 거의 알려지지 않았지만, 소위 온대 지역 전 주민에게 대번에 가장 교육적인 장면을 연출한다. 우산 발명가만이 아니라 여러 세대에 걸쳐 우산을 더 완벽한 것으로 개량한 주의 깊은 사람들은 틀림없이 미학적이고 장인적인

뛰어난 감각을 갖추고 있었을 것이다. 혹시 그들에게 경의를 표하는 기념비가 있는지 모르겠다. 역사가들은 그들에게 신경이나 쓸까? 신경 쓰지 않았다면 이제부터라도 신경 써야 할 것이다. 더 나아가 안타깝게도 발명가를 알아낼 수 없다면, 확실치 않고 집단적이며 익명으로 남아 있는 그 기원에 관해, 사실로 믿기 어려울 만한 가설을 세우고 그에 따라 발명가를 한 사람 만들어내기라도 해야 할 것이다….

우산을 발명한 사람은 분명히 시인이었을 것이다. 사실 아무도 우산이 필요하지 않았다. 지붕, 실내 통로, 넓은 나뭇잎, 그리고 모자, 긴 외투, 털외투처럼 노천에서 돌아다니는 데 필요한 것들이 모두 갖춰져 있었기 때문이다. 우산은 꼭 필요한 것도 아니었고, 어떤 필요를 위한 것도 아니었다. 그것을 고안한 인간은 하나의 사물 이상을 발명한 셈이다. 휴대용 지붕, 자신만의 하늘, 수직으로 떨어지는 빗속에서 걷게 해주고, 안심시켜 주고, 머리 위에서 무한하게 펼쳐진 뿌연 빛을 막아주는 이동식 피난처를 발명한 것이다. 이처럼 우산은 대수롭지 않게 극도로 미묘한 세계를 창조한다. 둘러싸지만 막지 않고, 보호하지만 가두지 않고, 고정된 동시에 이동하고, 항구적이면서도 단속적이고, 간헐적이면서도 연속적인 세계를 말이다.

어쩌면 비는 구실에 지나지 않는지도 모른다. 꼭 우산이 아니더라도 다른 것들을 이용해서 얼마든지 비를 피할 수 있다. 우산은 우리를 물이 아니라 하늘로부터 보호한다. 물은 완전히 부차적인 문제다. 우산은 작지만 침투할 수 없고, 손에 들고 다닐 수 있는, 우리 몸의 크기에 적합한 하늘을 만들어준다. 무한한 공간이 아니다. 우산을 들었을 때 우리는 개방된 상태가 아니며, 무언가가 위로부터 우리를 공격하거나 습격하지 못한다. 그렇게 우리는 마침내 시선을 마음 편히 아래로 향할 수 있다. 우산 속에 있을 때 사고도 훨씬 더 활발해지는 것 같다.

우산의 궁극적인 장점은 이기주의다. 우산은 이동할 수 있고, 사용자에게 규모가 적합한 그만의 하늘을 만들어준다. 더구나 이런 이기주의는 합법적이고 무해하고 당연한 것으로 여겨진다. 이런 경우는 꽤 드물다. 우산 발명가는 인간에게 각자 개별적인 공간을 부여해줄 만큼 박애주의자였을까? 그는 인간이 각자 상대에 대해 비 같은 존재라는 사실을 알고 있었을까?

# 38. 자동차

아주 오래전, 혹은 얼마 전까지도 사물은 자력으로 움직이지 못했다. 모든 사물이 그랬다. 일단 어느 자리에 놓이면 스스로 움직일 수 없었고, 이동하려면 생명체의 힘을 빌려야 했다. 무력하게 꼼짝도 하지 못했다. 무겁고, 고정적이고, 안으로 응집되어 있었다. 경우에 따라 물에 떠밀리거나 덩치가 큰 짐승들이 끌어당겨서 움직일 수는 있었다. 하지만 스스로 움직인 적은 없었다. 사물이 스스로 움직인다는 것은 상상조차 할 수 없는 일이었다.

그런 관점에서 본다면 우리는 세상을 변화시켰다. 움직일 수 있는 사물들이 생겨난 것이다. 이런 사물들은 스스로 추동하고 운동하며 강력한 힘을 갖추고 있다. 자신의 에너지를 이용하여 스스로 움직이고, 꿈이 아니라면 우리가 도달하기를 절대 꿈꿀 수 없었던 곳으로 더 빠르고 더 멀리 인간의 몸을 이동시킨다.

그렇다고 해서 그런 현실이 생각만큼 가능해졌을까? 확실히 그런 것 같지는 않다. 나는 자동차에 올라타고 시동을 건다. 그리고 이 굴러

가는 사물 안에 앉아서 조종한다는 뚜렷한 의식도 없이 앞으로 나아간다. 배를 운항하는 항해사처럼 운전자는 영혼이 몸속에 있는 것이 아니라 '자동차'라는 사물과 하나가 된다.

이제 자동차는 단순한 사물이 아니라 몸의 분신, 동작의 확장이 되었다. 힘을 부여하는 옷이며, 속도를 내게 하는 모자다. 이런 경우, 몸과 사물의 경계는 모호해지고, 소재를 파악하기 어려워진다. 프랑스 사람들은 흔히 "나는 뒷길에 주차되어 있어."라고 말한다. 이렇게 말할 때 그는 어디에 있는 걸까? 그는 뒷길에 있는 걸까, 아니면 그 말을 하는 장소에 있는 걸까? 그의 몸은 여기 있을까, 아니면 저기 있을까? 그의 말대로라면 그는 여기에 대해 아무것도 몰라야 한다. 그의 몸은 두 지점 사이를 떠돈다.

어떤 이기적이고 가혹한 독재 권력이나 시대착오적인 광신도들이 갑자기 자동차 운행을 전면 금지했다고 상상해보자. 운행을 멈춘 상태로 오래된 차체들은 녹이 슬 것이며 시간이 흐르면서 모두 해체될 것이다. 영웅적인 저항자들이 그들만이 아는 동굴에 자동차들을 숨길 수도 있다. 이런 법이 계속 적용된다면, 길에는 걷는 사람들과 말을 탄 사람들이 오가던 예전 세계로 돌아가게 될 것이다.

그런 상황에서 우리 몸이 어떤 것을 경험하게 될지 예측할 수 없다. 어떻게 다시 두 발로 땅을 밟게 될까? 바람을 가르며 어디든 달려가는 쾌감에 익숙해진 우리 몸이 어떻게 갑자기 무겁고 느린 발걸음으로 이동하는 상황에 적응할 수 있을까?

만일 그런 상황이 벌어진다면 마치 두개골이 부서져 뇌가 뭉개지는 꼴이라도 보듯이 수많은 사람이 우울증에 걸리고 집단 자살이 이어질지도 모른다. 우리는 모터 달린 사물을 이용한 이동에 익숙해져 너무 오랫동안 우리 자신을 떠나 있었고, 우리 발도 땅을 떠나 있었다.

오래전부터, 그리고 최근까지도 인간은 하늘을 날 수 없다는 사실을 잘 알고 있었다. 하지만 오늘날 우리는 만약 더는 길을 달리고, 하늘을 날고, 선회할 수 없게 되었다고 한다면, 그런 사실을 견디지 못할 것이다. 왜 그것이 참을 수 없는 일인지는 모른다. 더구나 아무도 그런 일이 일어날 수 있다고는 생각하지 않는다. 또 어디에서든 그런 일이 실제로 일어날 가능성도 없다. 그러니 마음 놓고 달리자. 하지만 무슨 일이 일어난 것만은 분명한 것 같다.

# 39. 여행 가방

겨울이 끝날 무렵 오후,
집에서

　며칠간 시골에 머물기로 한다. 벌써 봄기운이 느껴진다. 햇빛도 달라졌다. 친구들이 빌려준 그 집 창밖으로는 아주 멀리까지 내다보인다. 평온을 느낄 수 있는 그곳은 내가 무척 좋아하는 장소다. 그래서 흐뭇한 기분으로 여행 가방을 꾸린다.

　여행 가방은 비록 사람들에게 괴로움을 안겨줄 때도 있지만, 친절하고 안도감을 주는 사물임이 분명하다. 나는 방랑벽도 없고, 외출광도 아니지만, 여행 가방을 보면 늘 마음이 설렌다. 떠나기 위해서든 돌아오기 위해서든 이동하는 것은 기분 좋은 일이다.

　여행 가방은 무엇보다도 합리적인 사물이다. 이 네모나고 튼튼한 사물은 우리에게 실제로 필요한 것들을 최소화해서 선택하게 한다. 그러나 여행 가방에는 우리를 안심하게 해주는 어떤 점이 있다. 바로 손으로 쥐거나 밀면서 돌아다닐 수 있는 이동식 작은 집과 같은 사물이라는 점이다. 여행할 때 모든 것을 가져갈 수는 없다. 그럴 수 없을 뿐아니라 그럴 필요도 없다. 여행 가방은 그 안에 담을 수 있는 짐의 한계

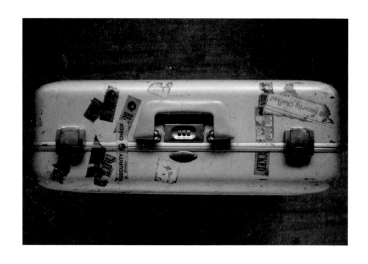

를 통해 여행자에게 선택을 강요한다. 여행자는 최소한의 공간에 최대한의 사물을 담는 법을 배우고 훈련해야 한다. 단순성과 효율성에 대한 고려, 일상에서 본질을 우선시해서 꼭 필요한 것만을 선별하는 절제, 그러나 품위 유지를 위해 불필요한 것도 약간은 허용하는 여유, 무슨 일이 생길지는 아무도 모르니 만약에 대비하는 면밀함이 필요하다. 그리고 뜻밖의 필요가 생겨 가져가야 할 물건이 있을 때 가방에 들어갈 수만 있다면 넣어 가지 못할 이유는 없다.

여행 가방에는 철학적 금욕, 에피쿠로스적인 면이 있다. 실제로 인간이 생존하는 데에는 그리 많은 것이 필요하지 않다. 제한된 육체의 욕구에 따라서만 처신한다면 우리는 행복하게 살아갈 수 있다. 나는 모든 사람이 가볍고 편한 가방 하나만 가지고 살아가는 세상을 꿈꾸곤 한다. 그 가방 안에는 각자에게 필요한 모든 것, 각자가 가진 모든 것이 들어 있다. 그런 세상이 틀림없이 더 나은 세상, 더 살기 쉬운 세상일 것이다. 하지만 내가 그런 세상에 대해 무엇을 알겠는가.

그러나 이와 반대로 최악의 세상도 있지 않을까? 갑자기 어떤 장면이 떠오르며 등골이 오싹해진다. 수많은 남녀와 아이가 각각 손에 여행 가방을 들고 몰려간다. 그리 오래된 일도 아니다. 그들은 내 부모 세대 사람들인데, 아우슈비츠행 기차를 타고 떠나서 다시는 돌아오지 않았다. 그들의 여행 가방들은 이상한 언덕 모양으로 쌓였다. 그들은 살해되고 불태워지고 재로 사라졌다. 뭐라고 할 말이 없다. 비교할 만한 것도 없다. 이유도 없다.

그 사건 이후로 반(反)나치 운동이 계속 이어진다. 당연하다. 아무도 납득할 수 없는 사건이었으니까.

# 40. 텔레비전

일요일 저녁,
시골에서

화면이 어두우면 오히려 더 선명하게 보인다. 텔레비전은 불투명하고 시커먼 상자에 불과하지만, 화면이 밝혀져 있는 동안에는 그런 사실을 잊게 마련이다. 음향과 색채를 포함해서 모든 것이 움직이고, 채널이 이리저리 돌아가면 마치 살아 있는 것처럼 보인다. 하지만 꺼져 있을 때에는 확연히 다르다. 텔레비전은 어두운 입방체이고, 어슴푸레하게 평온하며, 가식적으로 친근하며, 때로는 위협적이다. 이 블랙박스에서 무엇이 튀어나올지 알 수 없다. 어쩌면 이것이 우리를 지켜보고 있으며, 어쩌면 이것은 아무것도 모를 수 있다.

텔레비전도 컴퓨터처럼 우리의 의식과 관련이 있다. 하지만 컴퓨터와는 정반대처럼 보인다. 컴퓨터는 우리 의식을 깨어 있게 하고, 문자, 주체적 결정, 요구, 게임, 계획, 계산, 창작을 수용한다. 하지만 텔레비전을 볼 때 우리 의식은 흐려지고, 경직되며, 최면에 걸려 완전히 수동적이 되어버린다. 시청자들은 꿈쩍도 하지 않고 텔레비전 앞에 앉아서 화면에 비치는 모든 것을 군말 없이 그대로 집어삼킨다. 이미지는 시청자들의 주의를 끌고, 그들의 의식을 마비시키며, 의견을 한쪽으로 모으고, 모든 것을 흡수하며, 공포를 심어준다. 시선은 몽롱해지고, 몸은 식물처럼 고정되며, 사고는 정지된다.

하지만 이것이 불쾌한 일은 아니다. 우리는 해야 할 것도 피할 것도 없이 텔레비전을 통해 '즉각적으로' 가상의 일들을 지속적으로 주입받는다. 미리 구성해놓은 장면들, 프로그램, 연출이 시청자들을 인도한다. 이것은 전혀 불쾌한 일은 아니지만, 바로 그렇기에 이 점을 반복해서 언급할 필요가 있다. 여기에 텔레비전의 대중적 성공, 즉 오늘날 다른 어떤 통제 장치보다도 강력한 영향력을 행사하는 비밀의 열쇠가 있다. 미리 구성되거나 조작된 이미지들을 일방적으로 주입할 때 수동적인 시청자들은 이를 불쾌하다고 여기기는커녕 오히려 즐거워한다. 그러는 동안에는 의무도 근심도 모두 잊어버리고, 마치 인간의 필연적 소명에서 벗어난 것처럼 느끼기 때문인지도 모른다. 사물 내부에서조차 지각 마비가 일어난다. 훌륭한 프로그램을 만들고, 정보를 제공하고, 교육도 하고, 교양을 기르게 해줄 수도 있지만, 그런 것들로 텔레비전은 누구의 관심도 끌지 못할 것이다. 깊은 잠에 빠져 꿈을 꾸고 있다가 깨어나는 것과 마찬가지 상황이 벌어질 테니 말이다.

내가 알기로 지금까지 어떤 사회학자도 텔레비전의 확산과 사회적 소요의 쇠퇴 사이의 상관관계를 제대로 연구한 적이 없다. 혹시 수집한 기록들은 있을지 모르겠다. 텔레비전이 전 세계에 절대적 영향력을

미치게 된 이래 정치적 혁명은 한 건도 일어나지 않았다. 앞으로도 영영 일어나지 않을 수 있다. 텔레비전은 여타의 지배, 억압, 통제 수단들과 다르고, 어떤 면에서 훨씬 강력하고 효과적이다. 왜냐면 가정에서 각 개인의 부재를 불러오기 때문이다. 우리는 거실이나 침실에서 텔레비전 화면을 통해 전 세계를 보고 있다고 착각하고 있다. 하지만 실상은 바로 우리가 사라진 것이다.

# 41. 연마기

정오,
다락방에서

나는 이 집에서 몇 가지 작업을 꾸준히 해오고 있다. 상황에 따라 배관공, 목수, 타일공, 석공, 정원사, 심지어 기와공의 일까지도 하는 중이다. 이미 오래전부터 이 집을 바닥부터 꼭대기까지 차근차근 보수하면서 이런 일들을 하나씩 배웠다. 이렇게 일하다 보면 내가 머리를 굴려 먹고사는 사람이 아니라는 확신이 들고 참으로 다행이라는 생각도 든다.

친구들의 소유인 이 집에서 그들의 작업을 이어 계속하는 것은 그들에게 고마움을 표시하는 내 나름의 방식이다. 집에 정성을 들이는 것은 생명과 직결된 몸의 이런저런 부위들을 보살피는 것처럼 늘 감동적이다. 몸이 아프면 외과 치료를 하거나 붕대를 감듯이 한동안 보기에 좋지 않은 구석(잡동사니를 쌓아두는 곳, 건축물 잔해 더미, 작업장)이 있다가도 몸에 기관을 이식하거나 상처가 아물듯이 모든 것이 정상으로 돌아가면 집은 한결 나아진 모습을 갖춘다.

오전 내내 나는 다락방에 새로 깐 마룻바닥에 윤을 낸다. 밴드형 대

형 연마기로 작업하면서 나무에 흠을 내지 않으려면 기계를 보통 속도로 작동시키면서 수평을 맞춰가며 잘 조작해야 한다. 소음 때문에 귀가 멍멍해져서 나중에 몇 시간 동안 귀에서 윙윙거리는 소리가 나지 않게 하려면 밀랍 덩어리로 귓구멍을 막아야 한다. 먼지도 엄청나게 많이 나므로 마스크로 코와 입을 막아야 한다. 나무에서 나오는 베이지색 미세한 먼지가 머리카락, 눈썹, 속눈썹에까지 내려앉는다.

모터는 힘이 좋지만 너무 낡아서 심하게 요동하면서 소음을 낸다. 기계에서 전해지는 진동은 손바닥에서 손목을 지나 팔꿈치로, 그리고 어깨로 올라간다. 온몸에 기계의 예리하면서도 장중한 리듬이 실린다. 차차 마룻바닥의 색이 변한다. 때, 니스, 오래된 세월의 층이 벗겨져나가면서 무광택 나무판에 자리를 내준다. 사물은 종종 다른 사물에 영향을 미친다. 그리고 그 영향은 언제나 도구를 통해 실현된다. '연마기'라는 사물이 '마룻바닥'이라는 사물을 변화시키는 방법은 매우 특이하다. 얇은 표층을 갈아서 벗겨냄으로써 전체적인 외관을 완전히 바꿔놓는다.

이제 나무 바닥의 표면은 매끈해졌다. 평온하고 차분하고 환하고 선명해진 표면. 만약 모든 것을 위한 연마기가 존재한다면 그것은 좋은 일일까? 생각을 연마하고, 문장에 윤을 내고, 작품의 표면을 고르고 평평하게 할 수 있는 장치는 바람직한 것일까? 나는 작은 떨림, 먼지, 새된 소음 세례를 받은 나머지 혼이 쏙 빠졌다. 이런 모든 기계는 아주 오래전부터 존재하고 있다.

# 42. 진공청소기

어느 날 아침,
광에서

연마 작업을 할 때면 사방에 분진이 쌓인다. 평평한 표면만이 아니라 쇠시리, 창틀, 문틀, 문짝 등 구석구석이 미세한 먼지의 막으로 덮인다. 어쩔 수 없이 꼼꼼하게 진공청소기를 돌려야 한다. 베이지색 얇은 먼지막이 조금씩 사라지는 것을 보면 정말 기분이 좋다. 호스 끝이 앞으로 나아감에 따라 문틀과 창틀에 쌓였던 먼지가 자취를 감춘다. 심지어 청소기가 닿기도 전에 순식간에 먼지를 빨아들여 이전에 깨끗했던 방의 모습이 다시 선명하게 드러난다.

진공청소기는 궁금증을 자아내는 사물─동물 같은 존재다. 계속되는 작고 새된 소리든 끊이지 않는 예리한 소리든, 진공청소기가 내는 소리는 바닥의 형태, 자재, 유형에 따라 달라진다. 길고 유연한 코와 충족을 모르는 식욕으로 무장한 진공청소기는 인간의 기술이 만들어낸 열대 지방 돼지, 일종의 굶주린 기계 가네샤다. 입에서 늘 냄새를 풍기고, 먹성은 언제나 변함없다. 호스 끝을 맨살에 대면 순식간에 살이 빨려 들어가면서 배를 채우지 못한 기계의 몸통에서 요란하고 격렬한 신음이 들린다. 어디로 쏠려가는 걸까? 단지 그뿐이라면 이것은 숙고가 필요한 매체가 아니라 그저 유익하고 재미있는 사물일 것이다.

그러나 가전제품 중에서 진공청소기만큼 생각할 소재를 던져주는 사물도 드물다. 진공청소기는 확실하고 분명한 모든 것의 친구다. 잡스러운 부스러기가 사방에 깔려 있고, 뭉친 보풀들이 뿌옇게 바닥을 덮고 있을 때 초강력 진공청소기는 모든 것을 빨아들여 원래 공간의 모습을 복원해준다. 게다가 진공청소기를 돌리고 싶은 마음이 들지 않는다면 그 공간을 복원하려는 긍지가 강력한 동기로 작용하지 않을까? 그러나 여기에는 더 중요한 메시지가 있다. "너는 먼지로 태어나 먼지로 돌아가리라." 핵심적인 사실은 언젠가 우리도 청소기의 호스로, 다시 말해 우주적인 진공청소기의 거대한 먼지 봉지 속으로 빨려 들어가 사라져버릴 운명이라는 점이다. 우주의 먼지봉지는 누가 비울까? 그리고 그 먼지들은 어디로 갈까? 호스 속으로 빨려 들어간 단추, 클립, 옷핀이 그렇듯이 먼지들은 때로 짤랑거리는 금속성 소리를 낼까?

나는 진공청소기가 멈추지 않고 끊임없이 돌아가는 모습을 상상해본다. 처음에는 먼지와 함께 가벼운 사물들이 빨려 들어가고, 그다음에는 조금 더 무거운 사물들이, 그리고 그다음에는 아주 무거운 사물들이 차례로 빨려 들어간다. 세상이 점점 사라지고, 그 자리에는 깨끗한 공백이 생경하게 드러난다. 그렇게 눈에 보이는 모든 사물이 빨려 들어가고, 결국 우주 전체가 빨려 들어간다. 그리고 마침내 우리 과거도 모두 지워진다. 혁명은 끝났다. 모두 사라졌다. 단지 몇 가지 질문

만이 남는다. 이것이 사실인지 내가 어떻게 알까? 부차적인 질문으로,
애프터서비스는 어떻게 될까? 형이상학적인 질문으로, 모든 것을 사
라지게 한 것은 잘한 일일까?

# 43. 자전거

여름 아침,
시골길에서

나는 집에서 바다에 이르는 10여 킬로미터의 길을 눈을 감고도 걸어 갈 수 있다. 마지막 농가를 끼고 돌아가는 꼬불꼬불한 길을 제외하면 언덕까지는 직선거리며, 거기서 기슭 쪽으로 뻗은 완만한 비탈을 내려 오면 편편한 길이 길게 이어진다.

이 길의 매력은 자전거를 타야 제대로 느낄 수 있다. 나는 자전거의 먼지를 털어내고, 바퀴에 바람을 넣고, 기어에 기름칠을 하고, 브레이크와 안장을 점검한다. 자전거를 손볼 때마다 19세기가 생각난다. 이것은 그 시대의 사물이다. 이후에 자전거가 완벽해졌다고 해도 그 근본적인 구상에는 강관 제작자와 강철 기술자의 흔적이 그대로 남아 있다. 기계공학, 균형에 대한 이해, 정밀한 계산, 단순화 효과 등 여러 가지 측면에서 자전거는 기차, 증기기관, 철근 골조와 사촌 간이다. 자전거는 판화, 드라이포인트, 라인드로잉, 사진 없는 잡지와 같은 흑백의 사물에서 그대로 나온 듯한 느낌이 드는 사물이다. 지나치게 세밀하고, 동시에 간단하면서도 치밀하다.

자전거는 재주를 숨기고 있는 사물이다. 여러 부속을 조립한 이 쇳덩어리는 직접 타보기 전에는 전혀 움직이지 않을 것만 같다. 심지어 잘못 구성된 듯한 인상마저 받는다. 그저 대충 만들어놓은 것처럼 보인다. 무엇보다도 속도를 기대하기에는 차체가 너무 무겁다. 하지만 3킬로미터 정도만 타보면 생각과는 전혀 다른 사물이라는 사실을 저절로 깨닫게 된다. 마치 하늘을 날아가듯이 가볍고 편안하게 미끄러져 나아가는 사물이라는 것을 충분히 느낄 수 있다. 자전거는 정지했을 때와 달릴 때 각기 다른 사물이 된다. 달리는 자전거는 서 있는 자전거와 같은 사물이 아니다. 모든 특성이 근본적으로 변한다. 이런 관점에서 보면 자전거는 악기와 성질이 비슷하다. 사물과 몸의 만남이 있고, 몸을 통해서만 일어나는 변화가 있다.

무엇보다도 자전거는 달려야만 균형이 잡히고 제구실을 하는 사물이다. 달리지 않으면 쓰러진다. 앞으로 나아가야만 균형이 유지되며, 같은 상태를 유지하려면 절대 멈춰서는 안 된다. 19세기 아이들이 공원에서 가지고 놀던 굴렁쇠나 팽이처럼 자전거는 움직임에 따라 전혀 다른 면모를 보여주는 희귀한 사물 중 하나다. 인간의 힘으로 굴러가는 이 기계를 구상하고, 제작하고, 보급한 시기는 자본주의 세기이며 과학기술에 대한 신뢰와 역사가 진전한 19세기였다. 자본주의 발전, 과학기술에 대한 신뢰, 역사의 진전, 이 세 가지는 앞으로 나아가야만 유지되는 자전거와 같다.

나는 바다 쪽으로 난 내리막길로 들어선다. 하늘은 유백색, 날씨는 따뜻하다. 왠지 편안함이 밀려온다. 앞으로 나아가려고 자전거의 페달을 밟고 있다는 사실조차도 잊어버렸다. 기어를 바꾸면서 문득 여기에 앎에 대한 교훈이 있다는 생각이 든다. 자전거를 '탈 줄 안다'는 것은 무엇일까? 이것을 설명하는 수단이나 묘사할 방법이 없다. 전달할 정보도 없다. 설명서도, 안내서도 없다. 단지 자전거의 운동과 그 지속성에 대한 일종의 믿음과 몸이 스스로 찾아내고 잊어버리지 않는 조절 방식이 있을 뿐이다. 그런 앎은 전부이거나 전무다. 그래서 자전거를 반만 탈 줄 안다거나 3분의 2만 탈 줄 아는 사람은 없다.

이제 숨이 가빠지기 시작하지만, 다행히 내리막길이다. 근육이 팽팽해지고 심장이 뛴다. 그래도 방향만 유지하면서 자전거가 저절로 굴러가는 이 순간을 즐긴다. 하늘은 여전히 희게 빛나고, 바람 한 점 없이 폭풍우를 기다리는 바다는 수평선까지 연한 잿빛을 띠고 있다. 자전거는 스스로 탄력을 받아 소리 없이 달린다. 끝없이, 영원히. 나는 그렇게 영원으로, 세기에서 세기로 한없이 달려간다. 그러다가 한순간, 시간에서 벗어난다. 그럴 때 경과된 시간은 몇 초, 몇 분이지만 시간 밖의 순간은 숫자도 측정할 수 없다. 순간에는 지속이 없다. 인간은 바로 그런 식으로 영원에 접근한다.

자전거를 타고 이 세상의 시간에서 이탈하는 경험은 지속되지 않는다. 가끔, 드물게 할 수 있는 경험이다.

# 44. 전선

그들은 정확하게 약속된 시각에 와서 노련한 전문가답게 작업을 시작한다. 기술자들은 도착하자마자 곧바로 공사에 착수하면서 전선이 가장 효과적으로 외부에서 집 안으로 들어올 길을 찾는다. 그런 다음 전선들을 연결하고, 우리는 마침내 일을 시작할 수 있게 된다. 이렇게 전선 연결 서비스를 받고 나면 우리는 물리적으로 전체 네트워크에 연결되고, 이 전선을 통해 전기 에너지, 대화, 이미지, 소리, 텍스트, 메일 등 다양한 것이 오간다.

조금 전 기술자들이 인터넷 회선을 설치하고 나서 나는 '전선'이라는 이 기묘한 사물에 대해 곰곰이 생각해본다. 가장 일반적이고 널리 퍼져 있는 전선은 역시 전기 케이블과 전화선이다. 이것들은 도처에 있다. 땅속, 벽 속, 천장, 지하, 해저에도 있고, 가난한 지역, 부유한 지역, 추운 지방, 더운 지방에도 있다. 전선은 세상에서 가장 잘 분포되어 있는 사물이다. 전선을 제거하면 우리가 사는 세상도 대번에 사라진다. 전기, 전화, 텔레비전, 인터넷이 사라진 세상을 상상할 수 있겠는

가. 물론 위성이나 무선 접속을 선호하게 되면서 전선이 점점 더 필요 없게 될 수는 있겠지만, 그것 역시 다양한 기능, 크기, 색깔, 배열의 전선들이 이루는 전체 계열에 의존하는 단편적인 회로일 뿐이다.

실제로 전선은 사람 사이의 연결망을 형성한다. 예를 들어 전화선을 끝까지 따라간다면 통화 상대가 서울에 있든 시드니에 있든 부에노스아이레스에 있든 밴쿠버에 있든 그를 직접 만나게 될 것이다. 19세기 초만 해도 전선은 매우 낯선 사물이었지만, 이후에 유례없는 확장에 성공하여 오늘날 전선이 없는 곳을 찾아보기 어렵다. 이제 우리는 전선의 역사를 쓸 수도 있고, 특히 전선의 지리책을 쓸 수도 있을 것이며, 이 사물이 세상을 정복하고 도처에 흔적을 남기는 방식을 기술할 수도 있을 것이다. 그리고 이 사물이 어떻게 기업을 일으키고, 전문가, 측량기사, 기술자, 노동자 들을 집결시켰는지를 밝힐 수도 있을 것이다. 그 모든 것을 돌아볼 때 현대의 역사는 전선의 역사와 중첩된다.

'전선'이라는 구체적 사물은 왜 우리를 안심시킬까? 그것 덕분에 우리가 좋아하는 사람들과 연결되어 있다고 생각할 수 있기 때문일까? 그것이 우리 몸의 순환계나 신경계처럼, 이 땅을 한데 묶는 거대한 그물 같은 조직망을 연상시키기 때문일까? 그물처럼 얽힌 그 거대한 망이 전속력으로 소통하게 해주기 때문일까? 하지만 그보다 더 결정적인 이유가 있다.

전선의 존재가 우리를 안심하게 하는 이유는 그것이 고무 피복으로 싸인 지극히 평범한 사물이기 때문이다. 전선을 통해 집 안으로 들어

오는 것은 엄청난 가상의 세계지만, 정작 전선 자체는 금속 혹은 유리 섬유 한 가닥 혹은 여러 가닥으로 짜인 보잘것없는 사물일 뿐이다. 하수구, 지붕, 보도 밑, 계단 옆 상자, 문틀 옆을 지나는 그 보잘것없는 전선이 그토록 엄청난 세계를 집 안으로 들여온다는 점이 우리 마음을 편하게 해준다.

# 45. 기포 수준기

평일 저녁,
내 방에서

여름이 다가오면서 그동안 방치했던 일들을 하나하나 해결한다. 몇 주째 그대로 쌓아뒀던 책이며 우편물, 서류도 정리한다. 점점 책으로 넘쳐나는 서재를 어떻게 해볼 수가 없어서 결국 복도에 새 책장도 들여놓는다. 이제야말로 내 오랜 친구인 기포 수준기를 다시 만날 기회가 왔다. 이 사물을 모르는 사람들을 위해 간단히 언급하고 지나가자면, 이것은 일종의 자로서, 물이나 기름을 채운 작은 유리관이 달려 있고, 그 안에 기포가 들어 있다. 예를 들어 새로 설치하는 선반이 수평을 이루는지를 확인하려면 이 작은 자를 선반 위에 올려놓기만 하면 된다. 기포가 유리관의 눈금 정중앙에 오면 선반은 정확하게 수평으로 설치된 것이다. 이와 비슷한 원리로 수직 기둥, 칸막이벽, 문이나 창틀 등의 수직 상태를 점검하는 수준기도 있다. 수평 상태와 수직 상태를 동시에 점검할 수 있는 이중 수준기도 있다. 늘 그렇듯이 나는 특별한 이유 없이 이런 기구들을 특별히 좋아한다.

3차원 세계가 우리가 생각하는 것보다 얼마나 당혹스러운 것인지를 알고 싶다면, 이보다 효과적인 것은 없다. 선반 하나를 완벽하게 수평으로 고정해야 한다고 가정해보자. 선반은 왼쪽으로도 오른쪽으로도 기울지 말아야 한다. 완벽한 기준이 되는 기포 수준기는 바닥, 천장과 수평을 이룬다(물론 이 두 평면이 수평이라는 낙관적인 가정하에 그렇다는 것이다). 물질과 사물에 대한 정신의 승리를 확인하고, 그에 합당한 자부심으로 뿌듯해하는 순간, 선반이 앞쪽으로 혹은 뒤쪽으로 기울었다는 사실을 깨닫는다. 좌우로는 훌륭하게 수평을 이루고 있지만 상하로는 정확하게 수직을 이루지 못한 것이다.

기포 수준기는 위치를 점검할 수 있게 해준다. 지면이 기울었든, 벽이 울퉁불퉁하든 상관없다. 이것은 나침반이 북쪽을 가리키고, 소리굽쇠가 '라' 음을 내는 것처럼 영구적으로 수평을 가리킨다. 기포 수준기는 이 세계에 좌표를 제시하는 지극히 한정된 사물의 부류에 속한다. 실제로 이런 사물 자체의 용도는 거의 전무하다. 하지만 다른 사물들을 제어하고, 조직하고, 적절하게 배치하는 역할을 완벽하게 수행한다. 이런 조직적 특성 때문에 '합리적'이라고 간주되는 이들 사물은 '정확성'의 원칙을 도입하고, 다른 사물들에 질서를 부여하여 구체적으로 어떤 추상적인 개념을 따르게 하며, 뻐딱하게 굴면서 고집스럽게 반항하는 세상에 기준을 제시하고 규범을 따르도록 종용한다.

수준기는 조절하고 질서를 세우는 도구다. 다른 사물들은 제멋대로이지만, 수준기는 항구적으로 기준을 유지하고 측정하는 데 사용하는 척도 관련 사물에 가깝다. 이 세상 모든 사물의 기준 역할을 한다는 표준 미터자가 떠오른다. 이리듐과 백금 합금으로 제작한 그 자는 지금 잘 기억나지 않지만, 과학기술과 관련된 어느 공공건물에 소장되어 있었다. 나는 그런 자가 이 세상 어딘가에 잘 보존되어 있다는 사실을 알고 나서 마치 아이처럼 안도의 한숨을 내쉰 적이 있다. 그렇다면 기포 수준기는 어디에 보관되어 있을까? 어느 기관, 어느 건물에서 소장하고 있을까?

기포 수준기 덕분에 선반을 치우침 없이 반듯하게 달았다. 생각해보니 우리 행동을 바로잡는 데 필요한 기포 수준기도 필요할지 모르겠다. 우리가 하는 어떤 행동이 도덕적인지 아닌지를 어떻게 알 수 있겠는가? 하지만 해답은 이미 제시되었다. 칸트야말로 실천적인 기포 수준기의 발명가라고 부를 수 있지 않을까?

# 46. 탁자

같은 날 저녁,
내 방에서

기포 수준기가 탁자 위에 놓여 있다. 이것이 왜 여기 있을까? 아마도 내가 전화를 받으러 가면서 무의식중에 여기 놓아뒀던 모양이다. 그럴 수도 있겠지만 확실하지는 않다. 그런데 가만히 보니 탁자가 왼쪽으로 기울어져 있다. 심각한 정도는 아니지만, 지금까지 아무도 눈치 채지 못했다는 사실이 놀랍다. 게다가 정확히 수평을 이루어야 하는 선반과 달리 탁자는 사람들이 모이는 공간을 차지하는 사물인 만큼, 꼭 그래야 할 필요는 없다. 탁자는 음식을 먹을 때 제공하는 편이 기능 외에도 여러 가지 쓰임새가 있다. 특히 서양에서 탁자는 '인간에게 유용한 도구'를 가장 분명하게 대표하는 사물이다. 사람들은 바닥에 주저앉거나 무릎을 꿇은 상태로 일하고 먹는 대신에 앉은 상태로 활동할 수 있는 두 번째 바닥이 필요했기에 지면과 평행하고 높은 위치에 있는 평평한 공간을 활용하게 되었다.

지면에서 떨어져 있으면서도 지면에 연결된 상태에 있고, 자연적인 세계를 인간적인 차원으로 끌어들인 이 중간적인 제2의 세계는 연구,

작업, 사업을 위한 실용적인 장소이며 식사, 가족, 친구를 위한 사적인 공간이다. 또한 원탁에 둘러앉은 기사들, 원탁회의에 참여한 노동조합 원들, 올림포스 산정의 연회를 즐기는 신들, 최후의 만찬을 나누는 그리스도와 사도들을 위한 모임의 장소이기도 하다. 이처럼 탁자는 일상적 삶의 순간들이 펼쳐지는 장소이며 역사적 사건이 일어나는 순간들의 장소이기도 하다.

여기서 잠시, 어떤 치명적인 바이러스가 출현해 세상의 모든 탁자를 파괴해버린 상황을 상상해보자. 낮은 탁자, 높은 탁자, 둥근 탁자, 정사각형 탁자, 직사각형 탁자, 조립식 탁자, 접이식 탁자, 정원용 탁자, 보드게임용 탁자, 조리용 탁자, 침대 탁자, 사무실과 응접실의 탁자 등 모든 탁자가 단 하나의 예외도 없이 모두 사라진 상황을 상상해보자는 것이다. 하룻밤 사이에 '탁자'라는 사물 자체가 사라진 세상, 탁자가 존재하지 않는 세상에서 인간은 과연 어떻게 살아갈까? 대소동, 대혼란이 일어난 세상이 겪는 재앙의 파장을 측정해보자. 바닥에서 밥을 먹고, 서류와 자판이 카펫에 널려 있고, 무엇을 어디에 놓아야 할지 모르는 사람들은 당황하고, 다투고, 전쟁이 은밀하게 계획되고, 전쟁이 터지면 바닥에 앉아 협상하겠지만 당최 되는 일이라고는 아무것도 없고, 아무도 움직이지 않으려고 할 것이다….

그러니 도처에 확실하고도 조용하게 존재하는 불멸의 탁자에 감사하자. 탁자는 우리의 영원한 공모자다.

# 47. 프라이팬

나는 남의 집에 가면 부엌을 유심히 살펴본다. 가정집에서 부엌은 가장 멋진 공간도 아니고 가장 쾌적한 공간도 아니지만, 가장 핵심적인 일이 벌어지는 곳이기에 가장 흥미로운 공간이다. 집 안의 다른 공간에서도 우리는 잡담하고, 휴식하고, 텔레비전을 보고, 책을 읽고, 몸을 씻고, 자고, 사랑을 나누는 등 어떤 관점에서 보면 역시 중요한 활동을 한다. 하지만 부엌에서 우리는 조작하고, 변형한다. 여기서는 익히고, 녹이고, 달이고, 즙을 내고, 맛·색·조직을 결합하는 등 수많은 변화와 변형이 이루어진다. 센 불로 빠르게 조리하거나, 약한 불로 천천히 익히는 등 조리하고 요리하는 과정도 다양하다. 좁고, 간소하고, 제한적이기는 해도 부엌에는 마법의 소굴과 같은 무언가가 있다. 그곳은 여전히 비밀스러운 곳, 손과 직감을 사용하는 곳, 우리가 무언가를 추측하고 만들어내는 곳, 먹을거리가 야생 상태에서 인간적인 상태로 변하는 곳이다.

오늘 나는 시간이 별로 없다. 휴가 전에 끝내야 할 일도 많고, 주의력이 분산되지 않았을 때 서둘러 해결해야 할 과제도 쌓여 있다. 후다닥 오믈렛 하나를 만들 여유가 있을 뿐이다. 달걀, 치즈, 후추, 기름, 허브와 프라이팬이 필요하다. 오믈렛을 만들 때 막중한 역할을 하는 무쇠 프라이팬은 검고, 두툼하고, 너무 넓지 않은 것이 좋다.

나는 프라이팬의 내력에 대해 아는 바가 없다. 누가 프라이팬을 발명했을까? 아주 오래전부터 존재했을 테고, 어쩌면 사라질 수도 있었을 것이다. 지금 내게 중요한 단 한 가지는 프라이팬의 놀라운 능력이다. 프라이팬은 불이 직접 음식에 닿지 않게 하면서 열을 전달한다. 이것은 사발의 무언가(내용물을 담고, 유출을 막는 사물)와 탁자의 무언가(불위의 평평한 표면, 제2의 바닥을 이루는 사물), 그리고 샌들의 무언가(경계, 중개를 이루는 사물)를 모두 집결한 듯하다. 하지만 프라이팬은 독보적이어서 열을 전달하고 고루 분산하고 분배한다. 그래서 오믈렛은 가운데만이 아니라 가장자리도 잘 익는다.

분리하는 동시에 전달하는 사물에는 또 어떤 것이 있을까? 무엇이 둘 사이에서 전달하는 역할을 할까? 모으고 담아두면서 변화시키는 것은 무엇일까? 이 세상에 대해 우리의 피부가 일종의 프라이팬과 같은 역할을 하고 있다고 말할 수 있겠다. 이것이 나의 막연한 가설이다.

# 48. 면도기

여름날 아침,
화장실에서

휴가가 끝나간다. 이 시기는 늘 흥미롭다. 평소보다 할 일이 많아지고, 마음 편히 떠나려면 끝내야 할 일도 많지만, 마음은 이미 다른 곳에 가 있다. 바쁘면서도 넋을 놓고 있는 상태다. 일을 모두 마치려면 일찍 일어나야 한다. 벌써 날이 밝았지만, 그리 오래되지는 않았다. 마치 지구를 떠나 다른 행성에서 아침을 맞는 것 같은 이런 상황은 먼 은하계의 풍경처럼 느껴진다. 희박해진 공기, 지나치게 강렬한 빛에 시달리다가 욕실로 피신해서 태양계로 돌아오기만을 바라면서 얼굴에 면도거품을 바른다.

다행히도 면도기가 제자리에 있어 고맙다는 생각이 든다. 늘 같은 자리를 지키는 것이 사물의 일반적인 속성이라는 사실을, 나는 잘 알고 있다. 사물이 늘 대기 상태에 있다고 말할 수는 없지만, 마치 준비된 것처럼 늘 그 자리에 있다. 진정으로 나는 이 조그만 면도기에 깊이 감사한다. 잠이 덜 깨서 지금 여기가 어딘지도 모르겠고, 아직 현실로 돌아와 있지도 못하고, 나 자신을 제대로 되찾지도 못한 상태다. 주변은

아직 온전하지 못하고, 확실성, 실제성, 항구성 같은 것들도 아직 부족하다. 현실이, 안정되고 균형 잡힌 정상적인 상태가 언제 어디서 돌아올지 모르겠다. 어쨌든 조금씩 나아지고는 있어도 나는 몹시 불안정한 상태에 있는데 면도기는 바로 여기에 정상적으로, 깔끔하고 정확하게, 늘 있던 그 자리에 아무것도 달라지지 않은 채 변함없이 그 모습 그대로 있다. 참으로 용감한 사물이다. 작지만 용감하다.

　나는 면도기를 더운물에 적시고 나서 수염을 깎기 시작한다. 그러면서 조금씩 정신을 차린다. 아직도 잠이 덜 깨어 몽롱하지만, 어쨌든 잠에서 깨어나고 있는 것은 분명하다. 이 신형 면도기를 사용하면 칼날에 베일 위험은 없다. 부드럽고 매끈하게 수염을 깎아주고 피부의 따끔거림도 없다. 불현듯 낫이 생각난다. 낫에 대한 두려움, 날에 대한 공포, 칼에서 느끼는 위협도 떠오른다. 하지만 면도기의 날은 길들여졌고, 통제받고, 제어되어 피부 표면을 미끄러지듯 오가면서 수염을 베지 않고 깎는다. 정교하고 확실하게 작동하는 이 사물에 감사하는 마음이 더욱 커진다. 게다가 면도기는 일상생활에 꼭 필요한 사물이다. 면도기 없이 어떻게 면도를 하겠는가? 수염이 어느 정도 자라기를 기다렸다가 자이나 교도들이 새내기 승려들의 머리카락을 뽑아 빡빡머리를 만들어놓듯이 수염을 한 뭉치씩 뽑아야 할 것이다. 하지만 몹시 아플 테고 피가 날지도 모른다. 이런 생각을 하니 면도기에 감사하는 마음이 절정에 이른다.

　흐르는 물에 면도날을 씻자, 거품에 섞여 있던 수염 조각들이 세면대에 흩어진다. 이것은 몸의 일부일까, 아니면 이미 사물이 되었을까? 우리와 사물 사이의 관계를 곰곰이 생각해보려는 사람은 우리의 몸에서 지속적으로 사물이 되어가는 것에 관심을 보일 필요가 있다. 잘린 털, 벗겨진 피부 각질, 빠진 머리카락, 깎아놓은 손톱과 발톱 조각은 지속적으로 몸에서 떨어져나간다. 이처럼 몸의 일부가 사물의 세계로 끊임없이, 충돌 없이 옮겨 가고 있다.

# 49. 책

여름 일요일,
집에서

　　새로 산 책장에 책들을 정리해서 꽂는다. 나는 정기적으로, 특히 휴가를 떠나기 전에 이런 작업을 한다. 책이라는 묘한 사물은 정돈되어야만 우리 머리를 비울 수 있다. 이처럼 책과 함께 사는 삶은 독특한 행동 양식을 보여준다. 한편으로 책은 다른 사물들과 비슷한 점이 거의 없기에 무엇이든 기대할 수 있다. 사실, 책은 얇은 종이와 두꺼운 종이와 접착제에 불과하다. 다른 모든 사물과 마찬가지로 무게가 나가고, 낡고, 떨어지고, 찢어지고, 더러워지며, 때로 불에 타기도 한다. 그러나 다른 한편으로 책은 목소리이며, 얼굴, 역사, 사유, 추억, 투쟁, 존재, 허튼소리, 천재적 재능, 정보의 보고이며 기억이다. 각각의 책에는 그것만의 정체성이 있고, 표방하는 주제가 있으며, 그 나름의 전개가 있다. 나는 책을 인격체가 아닌 다른 것으로 여길 수가 없다. 마르고, 까칠하고, 잉크가 발려 있고, 번호가 매겨져 있으며, 겉모습이 인상적이며, 꽤 흥미롭고, 무언가를 말하고, 방법을 모색하고, 결정을 내리고, 독특한 열정으로 생기를 발하는 인격체다. 말로 표현하기 어렵지만, 이 사물은 내 몸과 매우 긴밀한 관계를 유지한다. 내 몸의 기억, 감수성에까지 새겨져 있으나 의식할 수 없는 부분처럼 책은 확장된 내 몸의 일부다.

예를 들어 계속 책들을 옮기고, 여러 차례 다시 정리해도 나는 어떤 책이 어디 있는지를 거의 기억하고 있다. 그리고 드문 경우를 제외하면 그동안 처분한 책도 모두 기억하고 있다. 그렇게 이별한 책들은 아마도 한 트럭 분량은 족히 될 것이다. 그렇게 사라진 책들 중에서 사지 절단 수술을 받은 사람의 환지통(幻肢痛) 같은 것을 느끼게 하는 것들도 있다. 사실 나는 이 낯익은 얼굴들이 빼곡하게 들어 차 있는 책장의 선반들과 '나'라고 불러야 할 것을 선명하게 구분하지 못한다. 또한 나는 각기 다른 생김새와 이력과 역사에 따라 위에서부터 아래까지 배열되어 있는 이 책들 자체가 어느 정도 나 자신이라고 생각한다. 세월이 흐르면서 그것이 수천수만 권이 되었든, 많은 부분을 떠나보냈든, 아직도 여전히 너무 많이 남아 있든 상관없이 나는 바로 그 책들 자체라고 생각한다.

이런 이유로 나는 높이 쌓아놓은 책 더미나 한쪽 구석에 무질서하게 널려 있는 책들을 정리할 때면 늘 머릿속에 얽혀 있던 끈과 매듭이 풀리고, 모든 것이 정돈되는 듯한 기분이 든다. 늘 그렇지만 책들이 포개진 채 아무렇게나 쌓여 있으면 내 정신도 혼돈 속을 헤매는 것 같다. 그런데 늘 한 가지 궁금한 것이 있다. 어떻게 하면 책들을 '무사히' 책장에 나란히 꽂아둘 수 있을까? 종이와 접착제와 잉크로 만든 책이 반란을 일으킬 일은 없으니 '무사한' 것은 당연하겠으나 책을 인격체로 본

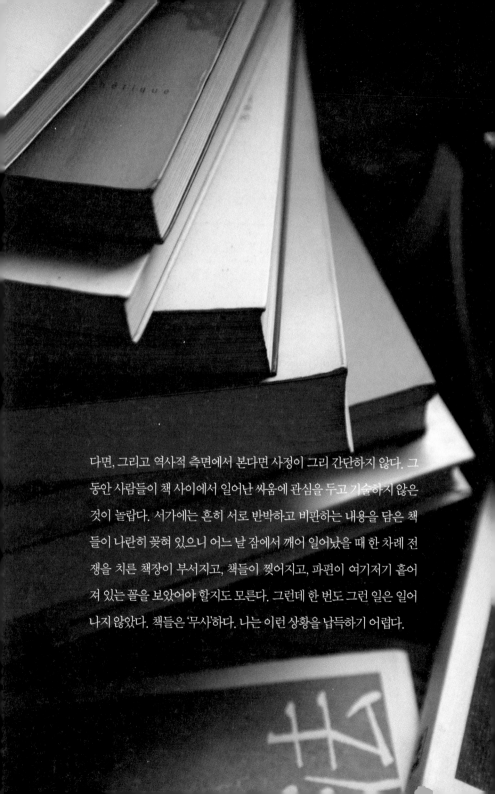

다면, 그리고 역사적 측면에서 본다면 사정이 그리 간단하지 않다. 그 동안 사람들이 책 사이에서 일어난 싸움에 관심을 두고 기술하지 않은 것이 놀랍다. 서가에는 흔히 서로 반박하고 비판하는 내용을 담은 책들이 나란히 꽂혀 있으니 어느 날 잠에서 깨어 일어났을 때 한 차례 전쟁을 치른 책장이 부서지고, 책들이 찢어지고, 파편이 여기저기 흩어져 있는 꼴을 보았어야 할지도 모른다. 그런데 한 번도 그런 일은 일어나지 않았다. 책들은 '무사'하다. 나는 이런 상황을 납득하기 어렵다.

# 50. 콤팩트디스크

떠나기 전,
집에서

짐을 꾸릴 시간이다. 다른 사람들처럼 나도 휴가지에서 들을 음악을 고른다. 음악을 골라서 가져간다는 것은 별것 아닌 일이지만, 불과 몇 세대 전만 해도 이런 일은 상상조차 못 했다. 옛날에 사람들은 길모퉁이에서, 광장이나 교회에서, 응접실에서 직접 악기를 가지고 곡을 연주했다. 곡을 녹음해서 담아놓을 수도 없었고, 들고 다니거나 가방에 넣어 가지고 다닐 수도 없었다. 예외적으로 소수의 사람이 악보를 읽을 줄 알았지만, 그것은 소리가 없는, '읽는 음악'이었을 뿐이다. 그러다가 축음기와 전축 바늘이 발명되었고, 밀랍 실린더, 흑색 전축판, 마그네틱테이프, 비닐 음반, 카세트테이프가 생겨났다. 그리고 드디어 마치 천상에서 내려온 듯이 오색영롱하고, 신비스러우면서도 친밀한 이 사물이 등장했다. 은색의 얇은 판, 빛나고 반투명하며 변하지 않는 광디스크, 콤팩트디스크는 범접할 수 없는 아름다움 속에 몇 시간 분량의 음악을 변질 없이 고스란히 담고 있다. 억지로 꺾거나 망치로 때려 부수거나 불에 태우지만 않는다면, 콤팩트디스크는 닳지도, 흠이

나지도, 썩지도 않아 영구적으로 사용할 수 있다. 콤팩트디스크는 빛과 함께 노는 착한 사물이고, 프리즘이며, 늘 감동을 안겨주는 무지개다. 천상의 세계, 별들의 완벽한 세계에서나 울릴 법한 음악을 떠올리게 하는 불변의 사물이다.

디스크는 현대적 사물이지만, 고고학적 사물이기도 하다. 이집트인들의 태양 원반, 얇은 플라스틱판으로 현신한 태양신 라(Râ)는 자신 내부에 이 세상 모든 소리를 기록하고, 촘촘히 정돈하고, 반투명 얇은 막으로 덮어 보존하고 있다. 이처럼 디스크는 기술적인 사물이지만, 또한 신비스러운 사물이다. 잡지와 신문에서 매우 교육적인 방식으로 여러 차례 소개했기에 나는 디스크가 어떻게 작동하는지, 인코딩, 디지털화, 신호의 복원이 어떤 것인지, 왜 그렇게 작동하는지를 잘 알고 있었다. 하지만 나는 이런 설명은 오래전에 잊어버렸고, 아예 관심조차 없다. 얇은 판이 기계 속으로 들어가 음악을 내보내고, 재즈든 실내악이든 연주와 음성이 울려 퍼질 때면 언제나 모든 것이 마술 같고 불가사의할 뿐이다.

이 경이로운 원판은 소리만을 저장하지 않는다. 수많은 영상과 사진, 그림, 글, 지도, 백과사전 등 모든 지식이 살아 있는 언어와 사라진 언어 들로 기록되고 저장된 완벽하고 거대한 박물관이다. 그렇게 전 세계에 존재하는 모든 소리, 이미지, 텍스트가 이 원판에 들어 있다.

그러나 언젠가는 이 원판보다 더 작은 매체, 그것이 담고 있는 정보의 엄청난 양과 비교하면 아예 없는 것이나 다름없는 지극히 작은 매체에서 모든 것을 찾아볼 수 있는 상황을 상상해본다. 완벽하게 모든 것, 빅뱅에서부터 은하계 대폭발까지 전 우주에서 일어난 모든 사실이 디지털화하고, 압축되어 언제 어디서나 조회할 수 있는 매체에 들어 있거나 아주 작고 단순한 매체를 통해 그 모든 지식이 저장된 거대한 정보 창고에 접근할 수 있는 때가 올 것이다. 그러면, 그때는 떠날 수 있을 것이다. 그런데 '누가' 떠날 수 있다는 걸까?

# 51. 파리채

어느 여름날 저녁,
지중해에서

　한동안 나는 바다로 돌출한 이 집에서 지중해에서만 볼 수 있는 푸른색에 둘러싸여 지낸다. 이 집 개수대 가장자리에 파리채가 하나 납작 엎드려 있다. 벌집처럼 구멍이 숭숭 뚫린 노란색 플라스틱 사각형 판에 유연하고 탄력성 있는 긴 자루가 달려 있다. 온갖 종류의 살충제가 나오기 전, 조명으로 밤벌레들을 유인해서 태워 죽이는 해충 제거 장치도 나오기 전, 옛날에 사용하던 파리채를 요즘 식으로 제작한 물건이다.

　그런데 사실 이 시대착오적 사물은 별로 쓸모가 없다. 이것으로 파리 한 마리 죽이기도 어렵다. 1천 번을 휘둘러야 한 마리쯤 죽일 수 있으려나. 처음에 나는 이것이 대체 어디에 쓰는 물건인지를 곧바로 알아차리지 못했다. 옛날 물건들은 대부분 생김새와 기능이 신기할 정도로 딱 들어맞는데, 파리채는 그렇지 않다.

　이 문제를 조금 다른 각도에서 살펴보자. 파리채는 쓸모없는 용도로 만들어졌다. 적어도 파리를 없애는 데에는 소용이 없다. 파리채는

233

파리를 죽이려고 만든 도구가 아니다. 그보다는 항의와 거부의 동작을 대변한다. 분노 자체다. 파리채는 파리가 존재하지 말아야 한다는 생각과 잉잉거리는 소리를 견디지 못하는 상태를 그대로 보여준다. 이 벌레는 성가시고, 더럽고, 한심하고, 이 벌레의 존재를 거부해야 하고, 이 벌레를 멀리해야 하며, 이 벌레와는 대화도 불가능하다는 사실을 가시화해서 보여준다. 가차 없이 쫓아버리고, 후려치고, 짓이기고, 납작하게 만들어야 한다고 소리를 내며 허공을 가른다. 하지만 물론 헛손질이다. 단지 바람 소리를 내며 허공을 가로질러 쫓아버릴 뿐이다. 그러다가 만에 하나 파리를 잡을 수도 있겠지만, 어쨌든 파리채는 직접적인 기능이 있는 실용적인 도구는 되지 못한다. 순수하게 동작 자체를 위한 도구일 뿐, 실효성은 없다. 그저 거기에 의미 없이, 거의 부조리하게 놓여 있을 뿐이다. 그나마 파리채로서 제구실을 하는 경우가 있다면 그새 이미 기절해버린 성가신 벌레를 향해 일격을 가하는 정도일 것이다. 파리채는 파리를 쫓아다니거나 죽이기보다는 혼란 없는 편안한 상태에 이르기 위해 파리를 멀리 쫓아버릴 뿐이다.

파리채는 전형적인 철학적 산물이다. 철학 역시 직접적인 실용성이나 결과와 무관하게 순수한 행위로서 존재할 뿐이며, 혼란 없는 평정에 이르기 위해 시도하는 활동이다. 철학 행위는 그것이 제기하는 질문이 아니라 오히려 그것이 제외하는 질문으로 특징지어진다는 사실에 주목해야 한다. 적어도 내가 보기에 철학자의 작업은 대부분 질문을 쫓아버리고, 달아나게 하고, 단번에 날려버리는 방식으로 이루어진다. 철학자는 지적인 사유와 관련된 것이라면 아무 담론에나 쓸데없이 주의를 기울이지 않는다. 철학자는 공허하고 성가시고 불쾌한 질문을 단호하게 거부한다.

질문을 쫓아버리는 철학자의 파리채에는 단호한 폭력이 요구된다. 어떤 주제, 세계에 대한 어떤 개념 전체를 한마디 설명, 한마디 변명도 없이 버릴 수 있어야 한다. 함정이 있는 질문은 듣지 말고, 듣는 척하지 조차 말아야 한다. 흥미 없는 일에는 계속 귀를 틀어막고, 시행착오를 걱정하지 않고 고집스럽게 미련할 정도로 자기 사유를 전개해나가야 한다. 그것 역시 하나의 사유에 불과하더라도.

# 그렇다면 여러분은?

　이 체험은 무한히 지속될 수도 있고, 이 사물 일기는 영원히 끝나지 않을 수도 있다. 하지만 체험을 끝낼 줄도 알아야 한다.

　나는 여기서 체험을 멈출 것이며, 끝없이 계속될 수도 있었을 이 이야기도 마칠 것이다. 이제 여러분이 스스로 사물을 통해 자신의 입장에서 자기 고유의 사유를 시도하는 체험을 해볼 차례다. 그 체험은 필시 나의 체험과 다르거나 비슷할 것이다. 어떤 사물이든 그것의 개념에는 똑같이 풀어낼 수 없는, 확정되지 않은 부분이 있는 만큼, 그 체험의 결과는 필연적으로 다를 수밖에 없다. "그래, 모두들 어떻게 지냅니까?"라는 이 단순한 질문이 돌아보게 하는 것들을 이제 여러분이 직접 찾아볼 차례다. 이 질문은 늘 열려 있다.

　오늘 내가 이 질문을 받는다면, 이렇게 대답할 것이다. '모두들 어떻게 지내느냐고? 사물들은 바다로 가고, 학교로 가고, 집으로 가고, 순행하고, 역행하고, 오락가락하고, 끝으로 가고, 처음으로 가고, 안으로 가고, 밖으로 가고, 여러분이 있는 곳으로 가고, 여러분이 없는 곳으로 간다.' 이것이 내 대답이다.

　여러분이 나의 이런 대답이 어리석고, 아무렇게나 지껄인 말장난이라고 생각한다고 해도 나는 여러분의 생각이 틀렸다고 말할 수 없지만, 나는 내가 이런 식으로 대답한 것이 옳다고 믿는다. 왜냐면 머릿속에서 번쩍하고 섬광이 스치게 하거나 물수제비가 수면에 순간적인 파장을 일으키게 하는 것처럼 표현하지 않고는 사물들이 어떻게 지내는지를 달리 말할 방법이 없다는 사실을 이미 1년 전에 깨달았기 때문이다.

사물들은 잘 지내지도 못 지내지도 않고, 아프지도 건강하지도 않다. 고장 나거나 부서져도 지내던 대로 지내며, 원래 그랬듯이 순수하고 불합리하게 존재할 뿐이다. 그 밖의 모든 것은 단지 우리의 관점과 언어가 만들어내는 환상이라고 말할 수 있을 듯싶다.

사물들은 흔히 우리의 사유를 담아내고, 촉발하고, 함께하며, 때로 빗나가게 한다. 예를 들어 여러분은 지금 곧바로 사무라이 궁중의상, 독일 갑옷, 에스키모의 이글루, 구석기 시대의 묘혈 같은 것에 대해 자발적으로 생각하지는 않을 것이다. 우연히 박물관이나 고물상에서 이러저러한 사물들과 마주치는 경우를 제외한다면 말이다. 사물들에 의해서만, 그것들을 직접 만나야만 비로소 시작되는 사유가 있다. 이처럼 사물에 대한 사고의 의존성은 우연적이지만 근본적이다.

마지막으로 사물에 대한 우리 태도는 우리가 자신과 맺고 있는 관계를 보여준다는 점을 강조하고 싶다. 만약 우리가 사물에 매료되고 온전히 사로잡힌다면, 우리는 자신이 어디에 있는지 모르게 된다. 또한 우리가 사물을 무시하고 대수롭지 않게 여겨도, 우리는 역시 자신에게서 동떨어지게 된다. 그 두 가지 상태 사이에 자리를 잡고 항상 사물을 만날 준비를 하고 우리와 섞이는 사물들을, 우리가 자유롭다고 여기고 있는 우리의 영역을 조금씩 침범하는 사물들을 살펴볼 마음의 준비를 하는 것이 바람직하다. 우리가 그 중심에 있지 않는다는 사실을 깨닫고, 그런 상태를 지탱할 수 있을 때 우리는 자신의 중심에 있을 수 있다.

사물이 어떻게 지내는지 알고 싶은가? 대답은 아주 간단하다. 사물은 여러분처럼 지낸다. 그리고 이것은 상호적이다. 여러분도 사물처럼 지낸다. 모든 사물은 인간의 척도다. 여러분이 너무 닫히지도 너무 불안정하지도 않기를. 여러분의 사물을 여러분 자신처럼 사랑하기를.

사물들과 함께 하는 51가지 철학 체험

1판 1쇄 발행일 2014년 12월 31일

지은이 | 로제 폴 드루아
옮긴이 | 이나무
사　진 | 박지훈
펴낸이 | 임왕준
편집인 | 김문영
디자인 | 김미리
펴낸곳 | 이숲
등록 | 2008년 3월 28일 제301-2008-086호
주소 | 서울시 중구 장충동 1가 38-70(장충단로 8가길 2-1)
전화 | 2235-5580
팩스 | 6442-5581
홈페이지 | http://www.esoope.com
블로그 | http://blog.naver.com/esoope
Email | esoope@naver.com
ISBN | 979-11-85967-07-3 03100
ⓒ 이숲, 2014, printed in Korea.